崩壊の時代に

文明と歴史をかえりみる

泉谷周三郎
根本萠騰子
木下英夫
［編］

同時代社

はじめに

この著書は、危機的状況にある現代社会を文化の問題として取り上げ、現代的視点から多角的に論じたものである。二〇世紀は戦争の世紀であったと概観されたが、二一世紀を生きるにあたって、これまでの文化と社会がどのような問題を内蔵し、ときに衝突し爆発し混乱してきたかを検討したいというのが、ここに論文を寄せた著者たちの意思である。二〇世紀において科学技術はこれまでにないスピードと広さと密度において発展した。文字文化から映像文化への変化、マルクス主義的社会の実現と崩壊、科学技術の発展と地球汚染による環境問題の出現、情報化社会と複雑に発展するネットワークの世界がもたらす社会的、文化的、教育的諸問題など、枚挙に暇がない。しかし、それをどのように捉え、どのように問題を解決する方向を見つけるかについての考察はまだ十分になされていない。

そこでわれわれは各分野での具体的事象を考察することで、モザイク的に現代の諸問題につながることを論じることにした。各分野の部分を考察することで横に並ぶものとつながりを見据えつつ考察することが、視野の広がりを持つと考えた。しかし、今ここにある事象に関して論じるとき、その時間的変容を無視することは正しくない。ある事象の変化すなわち過程の考察こそ現実性を表すからである。従って、歴史的考察も加味することとした。

科学はわれわれに何をもたらしたかをテーマに第一章は現代の危機的状況を見渡すことから書き始められている。近代科学技術の限りなき発展・進歩への反省がなされざるをえなくなったのは二〇世紀の特徴である。環境の問題として著者は崩壊の危機に瀕した現代の危機的状況に迫っている。そしてわれわれは自然と人間のかかわりをどのように考えてきたか、という視点から、プラトンの宇宙論を紐解く。プラトンはそれまでのギリシア自然哲学の考え方に対する新らたなパラダイムを提示したが、これは近代科学成立までのパラダイムとなりこれを克服することのよって近代科学が成立していったという過程を経る。また、近代の科学と哲学の視点から、「証明」とは何かについて論じた。著者は精神の鍛錬と闇の世界からの魂の救済のために数学の学習を説いたプラトンを意識しつつ、ユークリッド幾何学にはじまる数学、数学への哲学的考察を試みる。さらには現代の数学教育への提言も述べられている。

第二章では文化を考察する視点を変えて、われわれの美的知覚がどのように変化したか、あるいは変化しなかったかに関しての考察を行った。文化の変移は同時に人々の習慣的行為の変容でもある。美的な体験と知覚についての論文では、そうした変容の条件を探るべく、習慣的行為と日常的な知覚との対応関係を手がかりに、美的な知覚の検討をとおして、行為する身体の基層に運動する身体を見届けようと試みている。それに続いて、二〇世紀の複製技術の発明により文字文化および一回性をもつ芸術作品の価値が相対化されたが、映像文化が文化の受容にどのような知覚的変化をもたらしたかを、その境界に立つチャップリンとカフカの芸術作品を例に挙げつつ考察した。さらに文化の概念が形をとったとき、そこにはどのような文化、歴史、美意識が織り込まれているかを、イギリスの二つの庭園を例にとって考察した。

さらに第三章では、二一世紀にあっても忘れてはならないこととして松川裁判を分析しながら、イデオロギー的視点からの闘いでなく、作家・広津和郎が被告たちの無実を証明した際の真摯な態度がどのように貫徹されたかを論じた。この真実に迫ろうとする精神は歴史学においても検討される。著者は朝鮮史編纂と古蹟調査との関係を調べ、古蹟の発掘、保存、陳列により、植民地支配のイデオロギー的根拠を形成することに荷担した日本歴史家の研究を明らかにした。その行為自体が朝鮮という植民地の時間と空間を支配することを意味していたことの解明である。

二一世紀に解決を遺した諸問題をそれぞれの分野から複合的に論じるということで書き上げたこの著書に至らない点も多々あると思われますが、読書子に何らかの知的刺激を与えることができれば望外のことと思います。

二〇〇二年二月

根本萠騰子

崩壊の時代に——文明と歴史をかえりみる／目次

第1章　科学は何をもたらしたか

崩壊の時代を迎えて

泉谷　周三郎

一　情報化時代と共通の価値観の崩壊

二一世紀に入った。多くの人々は、この世紀こそ世界平和が実現し、思いやりに包まれた共生社会の到来を期待しているように思われる。だが、それは楽観的な期待でしかない。イスラエルとアラブ諸国の対立が再び激化していることが象徴しているように、世界の各地では民族紛争が噴出して流血の中で多くの難民が生まれ、厳しい生活苦を強いられている。我が国では太平洋戦争の終結後、戦乱もなく、一九六〇年以降、経済の高度成長とともに、生活が豊かになった。現在景気が低迷しているが、依然として便利な社会生活が営まれている。しかしながら、近年ごくささいなことで、殺人、強盗、放火、誘拐などの凶悪犯罪がなされるようになり、幼児虐待や

「社会的ひきこもり」の件数も増加している。また一九九〇年以降、趣味ごとに閉鎖的なグループを作り、グループ相互ではコミュニケートしなくなる「オタク化」（松原隆一郎『自由の条件』、四谷ラウンド）の傾向が強まり、親子や教師・生徒の間の溝が深まり、学級崩壊や離婚などもふえ、自分・家族・自分の会社の利益のためには「嘘も方便」といったエゴイスティクな雰囲気が社会全体を覆うようになってきている。

このような状況のなかで、私たちは、どこから来て、どこへ行こうとしているのか。これらの疑問に対しては、物理学や生物学が、あるいは社会学、経済学、歴史学などがそれぞれの立場から回答を試みてきた。けれども、それらの回答は、それぞれの学問の成果をふまえており、傾聴に値するものを含んでいるが、慎重に検討すると、この疑問を解決するどころか、新たに大きな疑問を投げかけているようにみえる。今日私たちは、一瞬のうちに全世界に通信を送ることのできる情報通信網をもっているが、私たちが今どのような状況のうちに置かれているかをほとんど知ることができない。五〇年前までは、多くの科学者や知識人は、過去はよく知られており、人類が現在どのような状況にあるかということも、明瞭に認識できるし、社会の基盤は安定していると考えてきた。だが、近年地球環境の悪化が知られるようになり、人間は進歩するどころかますますエゴイスティックな怪物へと変身してきているように思われる。この小論では、私たちは現在どのような状況のもとに置かれているのか、これからどこへ行こうとしているのかという問いを、限られた見地からではあるが、解明することを試みてみたい。

フランシス・フクヤマは、『大崩壊の時代』（一九九九）のなかで、経済先進国において起こった「大崩壊現象」を分析し、社会秩序を再構築する道を模索している。フクヤマによれば、アメリカをはじめとする経済先進国は、この数十年の間に工業化社会から「情報化社会」「情報化時代」へとしだいに移行してきた。これらの国々では物質的に豊かになるにつれて、製造業よりもサービス業が大きな割合を占めるようになり、情報や知識が重要性をもつようになって、頭脳労働が肉体労働に代わり始めている。一般に情報化社会は、一九九〇年代のインターネットの出現で到来したと言われている。情報化社会への移行は、経済の繁栄にとっても、民主主義と自由を促進するうえでも好ましいものと歓迎されている。確かに情報化社会の到来は、私たちに多くの利益をもたらしたが、他面では大きな混乱も引き起こしている。一九六〇年代の半ばから一九九〇年代の初めにかけての時期は、ほとんどの工業先進国で、社会状況が深刻に悪化した。社会秩序がくずれて犯罪が増加し、ある大都市の中心部ではほとんど人が住めないような状態も生まれた。また二千年以上にわたって大事にされてきた血縁関係がしだいにかえりみられなくなった。日本とヨーロッパ諸国では出生率がいちじるしく低下し、アメリカなどでは離婚率が急上昇し、婚外子の数がふえた。さらにこの四〇年の間に制度への信頼が大きく落ち込み、人々のつきあいかたも変化し、狭い仲間うちだけで交わるという傾向が強まった。フクヤマによると、世界中の経済先進国では、こうした変化がほとんど同じ時期に起こり、工業化社会には当たり前とされてきた社会の価値観が「大崩壊」したのである。つまり、欧米社会において人々を結束させてきた社会の絆や共通の価値観が崩壊したのである。

一九六〇年代以降、欧米では人々は伝統的な社会規範や道徳ルールのしがらみから個人を自由にしようとしてきた。性革命、フェミニズム運動、同性愛者の人権擁護運動などが社会のルールの是正を求めた。若者は性交の相手を選ぶ権利を主張し、女性は就職の機会を求め、ゲイたちは彼らの権利が認められることを要求した。その当時進歩主義者も保守主義者も抑圧的なルールから個人を解放しようとした。進歩主義者は、女性、少数民族、ゲイ、ホームレスを抑圧的なルールから自由にするために伝統的な価値観を批判した。他方、保守主義者は、自分の財産を自由に活用するために地域社会の制限から自由になることを望んだ。こうして個人主義は無制限に追求され、社会の価値観や社会のルールが崩壊した。

ところが、社会の価値観や社会のルールや道徳規範は、いたずらに個人の選択を制限するだけのものではなくて、元来協同的な営みの前提条件となるものである。フクヤマによると、社会科学者は近年になって「ある集団のなかで共有され、人々の協力の基盤となる一連のインフォーマルな価値観や規範」を「社会資本」と呼び、社会資本が「物的資本」（土地、建物、機械）や「人的資本」（人間のもつ技術や知識）と同様に、富を生みだすことを強調している。また社会資本は、あらゆる集団活動の必要条件である。国会議員のロビー活動も街角の食料品店経営も子育ても、そうした集団活動の一つである。個人は協力体制のルールにしたがって、ある程度の選択の自由をあきらめ、他人と協力することによって自分の力を強め能力を伸ばすのである。したがって、誠実、互恵性といった美徳は、単に倫理的美徳としての価値をもつだけでなく、具体的な金銭価値をもつのである。だが、個人主義を無制限に追求すると、その行きつくところ共同体（コミュニティ）がなくなってしまうことになる。真の共同体は、そこに属する人々が価値観、規範、経験を共有することによって形成されるのである。

二　大崩壊の原因

フクヤマによると、一九六五年を境として、社会資本のマイナスを測定する多くの指標が急上昇しはじめた。これらの指標は、三つのカテゴリー、すなわち、犯罪、家族、信頼に大別される。北欧諸国、英語圏の各国（アメリカ、イギリス、カナダ、オーストラリアなど）、イタリア、スペインなどのカトリックの各国は、同じような経過をたどった。例外は日本と韓国であった。アメリカでは、一九六〇年代に犯罪発生率が急に上昇しはじめ、一九八〇年代の半ばにわずかながら低下したが、八〇年代末に再び急上昇しはじめ、一九九一年から一九九二年にかけてピークを迎えた。その後、ニューヨーク、シカゴ、ロサンゼルスなどの大都市では殺人発生率が急激に低下しはじめた。ニューヨークの殺人発生率は、大崩壊がはじまった一九六〇年代当時にまで戻っている。

ところで、社会資本のマイナスを測定する指標としては、暴力犯罪よりは窃盗犯罪のほうが一般的傾向を示すので適切である。窃盗犯罪率は、アメリカ、イギリス、スウェーデン、フランスなどで一九六〇年代から急上昇しはじめ、一九九〇年代に入って下降しはじめた。他方、日本、韓国、シンガポールでは、窃盗犯罪率は比較的低く、欧米諸国が急上昇した時期にも目立った変化は見られなかった。

大崩壊した社会規範のなかでも、もっとも劇的であったのは、家族、生殖、男女関係に関する規範の変化である。一九六〇年代から一九七〇年代にかけての性革命とフェミニズムの運動は、欧米の経済先進国において家庭のあり方を変えたばかりでなく、会社、地域、教育機関、軍隊にまで途方もない変化をもたらした。

フクヤマは、一九六〇年代から一九九〇年代にかけて、欧米諸国で起こった社会規範と価値観の変化がきわめて複雑であることを認めながら、あえて一言でくくって「個人主義の蔓延」と呼んでいる。彼によると、個人主義は、近代においては自由な人間の誇らしい自立を意味していたが、今日では一種の「自閉した身勝手さ」へと変貌し、人々は他者への責任を考慮することなく、個人の自由を最大限に追求することを目的そのものとみなしている。個人が選択の自由を満喫できる社会になると、人々は少しでも自分を拘束するものに腹を立てるようになり、道徳的な責任を負おうとしないので他人と協力して共同体（コミューニティ）を形成することができなくなってきている。このように社会規範の変化を概観するのは、簡単であるが、具体的事実をあげて例証するのは難しい。フクヤマは、このように指摘した上で、調査データを利用して「信頼」の例証を試みている。信頼は、社会資本の一部をなし、協力を促す社会規範の重要な副産物である。ところが、欧米の経済先進国では、政治家、警察、軍隊などの伝統的な権威は信頼を失いつつあり、また信頼関係の基盤となる倫理的な行動も失われつつある。アメリカでは、一九七〇年代以降、信頼は年を追うごとに低下しており、一九九〇年代には歴史的な低さに達している。フクヤマは、信頼の低下のレベルに関して、各国の状況を比較できるデータがそろっていないことを指摘して大崩壊の原因の検討をはじめる。

フクヤマによると、大崩壊と結びつけられる各種の現象が起こった理由について、次の四つの説が提唱されている。

（一）貧困の増大、あるいは収入の不平等によって引き起こされたとする説。
（二）豊かさが増したために引き起こされたとする説。
（三）近代の社会保障制度の産物だとする説。

（四）宗教が衰退し、共同体の義務より個人的な欲求の充足が優先されるようになったことなど、文化全般が変化した結果だとする説。

フクヤマは、これらのいずれの説にも欠陥があり、一九六五年以降に社会規範が急激に変化した理由を説明できないと考える。彼によると、大崩壊が多くの経済先進国で、ほぼ同時に、しかも急速に起こったことは、その原因がもっと広範かつ根本的であることを示している。つまり、大崩壊は、工業化社会から情報化社会へ移行するときに、それによって可能になった労働市場の変化によって起こったのである。

フクヤマは、「アジア的価値観とアジア例外論」という箇所で、日本と韓国がさまざまな点で欧米諸国と異なることを指摘している。両国では女性の就労率が高くないのと並行して、男性の収入に対する女性の収入の比率が低い。この比率はほとんどの先進国では年々増加しているが、日本は一九七〇年から一九九五年までの間にわずかしか上昇していない。またフクヤマによると、日本が現在の景気低迷から脱出するには、外国人労働者をもっと受け入れるか、あるいは女性の就労を促進し、結婚前だけでなく生涯にわたって働くようにするしかない。もし日本政府が後者を選んだときには、家庭の安定はくずれ、日本も欧米諸国と同じ社会問題に直面することになるだろう。

ところが、社会は文化と公共政策によって崩壊の速度と程度を多少はコントロールできるが、このことはいかにして社会秩序を立て直せるかの答えにはならない。それでは現代の自由主義社会では、モラルの退廃と無秩序がますます進行するのだろうか。フクヤマは、この問いに対してノーと答える。それは社会秩序と社会資本の支えとなる二つの基盤があるからである。一つは、人間は生まれつき道徳ルールと社会秩序をつくる性質をもっていることである。近年生命科学の研究から人間の本質の存在が明らかになってきている。自然の本能が直接的に社会規範を形成する事例としては、ほとんどすべての人間社会にみられる近親姦に関するタブーがあげられる。もちろん近親姦の規範が形成され強制されるかたちは多様である。他の一つは、社会の協調に問題が生じたときに、それを自発的に解決しようとする理性の力をもつことである。自然発生的な秩序に関する研究が多く現れたのは、法学、経済学、公共の選択のような経済関連の分野であった。これらの研究は、所有権に関する規範の起源、換言すれば、共同体内部で共有される共同資源(牧草地、漁場、森林など)の利用を扱っていた。オストロムによると、さまざまな時代と場所において、人々は頻繁に共有財産の悲劇の解決を見出してきた。その解決策とは、共有資源を合理的に分かちあうためにインフォーマルな規則を案出することである。しかもそれは、公平であるとともに資源の枯渇を招かないように工夫されてきた。フクヤマによると、二〇世紀の初頭において会社はヒエラルキーによって数千人の労働者を管理してきた。今日多くの職場では規則に縛られたヒエラルキーによる関係にかわって、部下に大きな権限を与える関係、すなわちインフォーマルなネットワークが現れている。このネットワークは、個人の行為者からなる集団であり、インフォーマルな規範を共有している。それゆえ、ネットワークは信頼の道徳関係である。

フクヤマは、最終章で「再構築、過去と現在と未来」に関して考察し、大崩壊がすでに終わり、規範の再構築の過程がすでに始まっていると主張する。彼によると、犯罪発生率、離婚率、人間相互の不信感といった指標の増加率は、一九九〇年代に入って大幅に低下している。このことはアメリカにおいて顕著である。アメリカでは一九九〇年代の初めにピークに達した犯罪発生率が一五パーセント以上も低下し、離婚率や未婚の出生率も歯止めがかかり、信頼感も大幅に改善された。社会規範の再構築は、犯罪発生率や信頼という点では、劇的な変化が期待されるが、セックスと生殖に関しては、ヴィクトリア朝時代の価値観への回帰はありえない。フクヤマは、「社会資本と歴史」の箇所で、自然科学の進歩が経済の発展をあと押しし、経済の発展は、後退や遅滞を経験しながら、民主的でリベラルな国家へと政治的に発展していくプロセスを促進すると主張したうえで、最後に次のように述べている。

「政治と経済の領域では、歴史は進歩しており、一定の方向を目指しているように思われる。二〇世紀末、歴史はテクノロジーが進歩した社会の唯一の選択肢としてリベラルな民主主義的国家の形態を選択したようである。しかし、社会と道徳の領域で歴史を見ると、そこでは社会秩序が数世代の周期で成長と退潮を繰り返し、循環しているように見える。そのサイクルのなかで、次の上昇過程がくることを保証するものは何もない。われわれが希望をもちうる唯一の理由は、社会秩序を復元する強靱な能力が人間に生まれつき備わっているという事実である。歴史がよい方向に進んで行くかどうかは、この復元作業がうまくいくかどうかにかかっている。」

フクヤマの『大崩壊の時代』は、先進経済国が一九六〇年から一九九〇年にかけて経験してきた工業化時代から情報化時代への変化を、各種の調査データーをふまえて分析し、社会の価値観や道徳規範が大崩壊したことを明らかにしている。この分析において日本と韓国がさまざまな点で異なることが指摘されているが、現在の日本においても、犯罪発生率は別としても、犯罪の内容、治安の悪化、離婚率の増大、出生率の低下などにおいて基本的には同じ傾向が現れていると言っても過言ではあるまい。ところが、フクヤマは、崩壊した社会の再構築の問題になると、人間には生まれつき社会秩序をつくる性質があり、社会の協調に問題が生じたときに、それを自発的に解決する理性をもっているので、いずれ再構築されるのが歴史のサイクルだと主張している。フクヤマの再構築に関する楽観主義には驚かざるをえない。この楽観主義が現在地球上で進行しているもう一つの大崩壊を見落とすことにつながっているのかもしれない。

三　地球環境の危機

もう一つの大崩壊の現象とは、地球の環境がこの三〇年のあいだに経済先進国における大量生産と大量消費によって著しく悪化したことである。『大崩壊の時代』は、一九九九年に公刊されたものであるが、二〇世紀が解決できずに残した最大の課題である地球環境の危機という問題を取りあげていない。工業化社会から情報化社会への移行した一九六〇年から一九九〇年にかけての時期に、地球環境は著しく崩壊しはじめ、アメリカでも環境に関する数多くのすぐれた著書が公刊された。一九六二年に海洋生物学者であったレイチェル＝カーソンは、『沈黙の春』を出版して、農薬（ＤＤＴなど）による環境汚染の危機を警告した。当時のアメリカ大統領であったケネディは、週刊誌『ニューヨーカー』に載った「沈黙の春」を知り、農薬をめぐる論争について調査するように指示し、それを受けて大統領諮問の科学特別委員会は、農薬委員会を設置した。一九六四年、アメリカ議会は「連邦殺虫剤、殺菌剤、殺鼠剤法」の修正案を可決した。

またドネラ・Ｈ・メドウズ、ヨルゲン・ランダースらは、ローマ・クラブから依頼されてマサチューセッツ工科大学（ＭＩＴ）内に研究プロジェクトを設け、そこで二年間人口、食料生産、資源の消費、環境汚染などの増大の長期的原因と結果を研究し、一九七二年に『成長の限界』を

人間の活動と製品に見られる世界的な成長（1970年～90年）

	1970年	1990年
人口	36億人	53億人
自動車登録台数	2億5000万台	5億6000万台
自動車の年間走行距離（OECD加盟国）		
乗用車	2兆5840億キロ	4兆4890億キロ
トラック	6660億キロ	1兆5360億キロ
石油の年間消費量	170億バレル	240億バレル
天然ガスの年間消費量	31兆立法フィート	70兆立法フィート
石炭の年間消費量	23億トン	52億トン
発電容量	11億キロワット	26億キロワット
原子力発電所の年間発電量	79×10^{12}ワット／時	1884×10^{12}ワット／時
清涼飲料の年間消費量		
（アメリカ合衆国）	1億5000万バレル	3億6400万バレル
ビールの年間消費量		
（アメリカ合衆国）	1億2500万バレル	1億8700万バレル
飲料容器へのアルミニウムの年間消費量		
（アメリカ合衆国）	7万2700トン	125万1900トン
都市廃棄物の年間発生量		
（OECD加盟国）	3億200万トン	4億2000万トン

発表した。この書は、コンピュータを駆使して人間社会の未来を予測した書として反響をよび、世界的ベストセラーとなった。ドネラ・H・メドウズらは、一九九二年に『成長の限界』を新たに書き換える作業に取りかかった。この二〇年間のデータを集め、コンピュータ・モデルを駆使した結果、技術改良や環境政策の強化などにもかかわらず、多くの資源や汚染のフロー（flow）がすでに持続可能性の限界を超えていることが判明した。彼らは、『成長の限界』で導きだした三つの結論を、次のように書き換えている。

「（一）人間が必要不可欠な資源を

消費し、汚染物資を算出する速度は、多くの場合すでに物理的に持続可能な速度を超えてしまった。物資およびエネルギーのフローを大幅に削減しない限り、一人あたりの食料生産量、およびエネルギー消費量、工業生産量は、何十年か後にはもはや制御できないようなかたちで減少するだろう。

(二) しかし、こうした減少も避けられないわけではない。ただし、そのためには二つの変化が要求される。まず物資の消費や人口を増大させるような政策や慣行を広範にわたって改めること。次に原料やエネルギーの利用効率を速やかに、かつ大幅に改善することである。

(三) 持続可能な社会は、技術的にも経済的にもまだ実現可能である。持続可能な社会は、絶えず拡大することによって種々の問題を解決しようとする社会よりも、はるかに望ましい社会かもしれない。持続可能な社会へ移行するためには、長期目標と短期目標のバランスを慎重にとる必要がある。また産出量の多少よりも、十分さや公平さ、生活の質などを重視しなければならない。それには生産性や技術以上のもの、つまり、成熟、憐れみの心、知慧といった要素が要求されるだろう。」

この結論は、一九九二年の時点で人間の経済活動が限界を超えてしまったことを指摘し、経済が現在のような成長を続けるならば、何十年か後には人口と工業力の突然の減退が生じることを予測している。前頁の図は、過去二〇年間における人間活動と製品の成長の増加の一部を示したものである。この図を見ると、人間活動と製品の異常な成長が続いていることがわかるであろう。

一九九六年には、シーア・コルボーン、ダイアン・ダマノスキらによって『奪われし未来』が公刊された。この書は、多くの有害な合成化学物資がホルモン分泌系の作用をどのように攪乱しているかを明らかにし、今日「環境ホルモン」の問題が人類や生物の未来に不気味な死と沈黙の世界もたらすことを示唆している。環境ホルモンとは、人間の身体のうちに取り込むと、女性ホルモンと同じような働きをする化学物資のことで、動物実験では性器や性行動に影響を与えることが確認されており、「内分泌攪乱物資」ないし「ホルモン阻害化学物資」とも呼ばれている。PCB、DDT、ダイオキシンのほか、プラスチックの原材料のビスフェノールA、船底塗料の有機スズなど約七〇種類の化学物資があげられている。これらの化学物資は、ppb（一〇億分の一）とか ppt（一兆分の一）といったごくわずかな量で、生物のホルモン分泌系の作用を攪乱するのである。pptという単位は、わかりやすく言うと、タンク車六六〇台分のトニックのなかにジンを一滴たらした量に相当する。環境ホルモンの人体への影響のうちで顕著なものとしては、第一には、過去五〇年間にわたってヒトの精子の数が約半分にまで減少しているという事実があげられる。デンマークの研究グループの報告によると、精子数の平均は、一九四〇年には精液一ミリリットル当たり一億一千三百万個であったが、一九九〇年には六千六百万個にまで落ちこんでいる。精液の量も二五パーセント減少していた。その結果、精子の実質的な減少率は、五〇パーセントにまで落ちこんだことになる。また近年奇形精子の割合も格段に高くなってきており、男性の生殖能力が危険にさらされている。第二には、ダイオキシンは、もっとも有害な化学物質といわれ、その毒性は砒素の数千倍に相当し、それを体重一キロあたり百万分の一グラム投与すると、実験動物は死んでしまうのである。ダイオキシンは、殺虫剤の製造やプラスチックや紙の焼却、化石燃料の燃焼などから発生し、体細胞への残留性も高い。またそれは、母乳を介して母親から乳児へと譲り渡されており、またそれが奇形児出産の原因となることや発がん性をもつことなどが指摘されている。

四　深いエコロジーと地球運命共同体の自覚

ヨーロッパでは、一九七三年にノルウェーの哲学者、アルネ・ネスは、前年ブカレストで開催された第三回世界未来研究会議でおこなった講演のまとめを哲学誌『インクワイアリー』に「浅いエコロジー運動と長期的視野をもつ深いエコロジー運動」という題名で発表した。ネスは、二七歳のときにオスロ大学の教授となり、ノルウェーの哲学・社会研究の分野で活躍するとともに、ガンジーの非暴力による市民抵抗活動でも知られている。ネスによると、浅い（shallow）エコロジー運動とは、環境汚染と資源の枯渇に反対するものであり、その主要な目標は、先進国の人々の健康と物質的豊かさの向上・維持である。これに対して、深い（deep）エコロジー運動は、次の七つの点で特徴づけられる。

（一）人間や生命体を個々ばらばらな存在としてではなく、関係論的で全領域に織り込まれた結び目としてとらえる。

（二）原則として生命圏平等主義に基づく。

（三）多様性と共生の原理に基づく。

（四）反階級制度の姿勢をとる。

（五）環境汚染や資源枯渇に対する闘いを支持する。

（六）乱雑さとは区別された意味での複雑性を評価する。

（七）地域主義と分権化を支持する。

右のように、深いエコロジー運動の性格を七項目にまとめると、抽象的で意味が取りにくいと言われるかもしれない。分かりやすく言うと、ネスが「浅いエコロジー」と呼ぶものは、現代社会において主流をなす環境保全の考え方であって、経済成長と環境保全とは両立可能であるという主張である。この両立論の根拠は、多くの場合、科学技術の進歩にもとめられる。この見解では、不断の経済成長は基本的にはよいものであり、不可欠なものである。他方、深いエコロジーでは、現代の環境問題は、すでに技術的対応を越えたものという認識がある。それゆえ、技術的

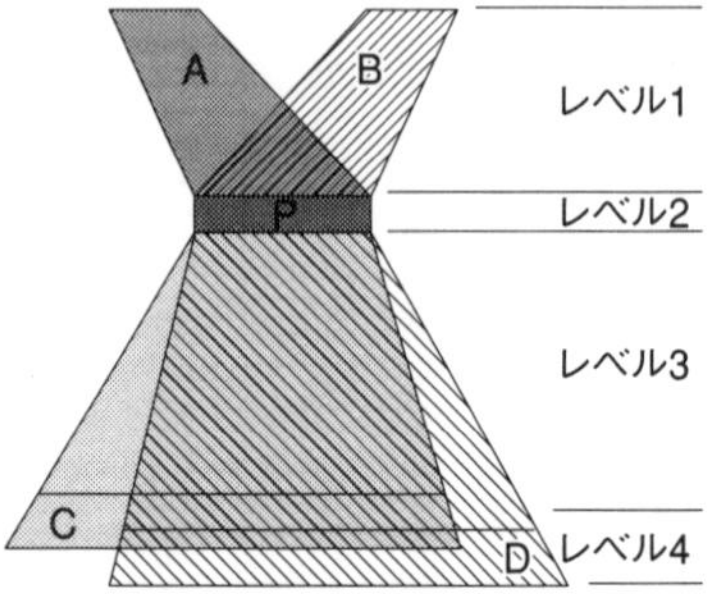

エプロン・ダイアグラムの図

対応の必要性を認めながら、そのような表面的な対応だけでは、最終的な解決はもたらされることはないと考える。

したがって、私たち自身のさらに深い部分である価値観やそれに基づく社会の諸問題を問うことが重要になる。こうした深い問いかけが深いエコロジー運動を根底で支えているのである。

深いエコロジー運動は、全体として重層構造をなしており、その個々のレベルは互いに密接に結ばれている。ネスがこれを図示したのがエプロン・ダイアグラムである。これには（一）根本原理（哲学・宗教）、（二）プラットホーム原則、（三）一般的指針、（四）実際的・具体的決定という四つのレベルが示されている。ネスは、第二のプラットホーム原則で基本的合意が成立していれば、他の三つのレベルでは違いがあってもよく、むしろその多様性が力になると考えている。

フランスの社会学者・思想家であるエドガール・モランは、一九九三年に『祖国地球』を公刊し、現代における人類の位置づけを試み、人間がこれから生き延びるためには、地球共同体の意識をもつことが必須の条件であることを強調している。モランによると、一四九二年にコロンブスがアメリカ大陸に到着して、地球が一つの世界であることを確認したときから、「地球時代」が始まった。この地球時代は、アメリカ大陸とアフリカの搾取、暴力と破壊と奴隷化とともに始まり進んできたが、人類はまだ地球の文明化に成功しておらず、鉄器時代のなかで生きている。その後の人類の歴史をみると、帝国主義の発展、ナチズムの登場、第二次世界大戦、冷戦時代、クエート侵攻と湾岸戦争などが起こり、いろいろな過ちがくりかえされてきたが、二〇世紀の後半になって、地球意識が形成され始めた。モランは、地球意識のもとになったものとして、次の八項目をあげている。

（一）世界の核の脅威の存続
（二）地球生態学的意識の形成
（三）第三世界の世界への登場
（四）文明の世界化の進展
（五）文化の世界化の進展
（六）国際的フォークロア（folklore）の形成
（七）地球規模のテレビ参加
（八）地球から見た地球

モランによれば、核の脅威が地球意識の形成要素の一つであり、一九八〇年代に入ると、地球の生命全体が脅威にさらされていることが明らかになった。また一九五〇年代からの植民地化によって、一五億の人間(世界の三分の二)が世界に登場してきた。また「文明」とは、すべての普遍化可能なもの、つまり技術、実用品、生活様式などを意味し、「文化」とは、ある民族に固有の、唯一独自なものすべてを意味している。一九二〇年代にマスメディアは、世界のさまざまな文化を取りあげ、そこから一つの国際的フォークロアをつくり、広めていった。一九五七年のスプートニク号以後、地球という惑星が人々の目にその姿を見せるようになった。モランは、人類が直面している現在の課題とその生き方について、次のように述べている。

「減速を準備すること。私たちの文明は速度の病にかかっている。狂った競争、過熱の危険を自覚することが何よりも急を要する。ブレーキをかけ、スピードをゆるめ、もう一つの生成運動を招き寄せる必要がある。今後は、経済成長と経済競争の国際的規制を検討し、人間的時間の権利を含む生活基準憲章を公布することが必要である。」

「私たちは人間の連帯を、もはや地上の救済という幻の上にではなく、私たちの滅びの意識の上に、私たちに共通の生死の問題の意識の上に、この千年紀の終末の臨終にも似た状況の意識の上に築かねばならない。地球運命共同体の自覚は、この千年紀の終わりの鍵となる事件であるにちがいない。私たちはこの惑星と連帯しており、私たちの生命は地球の生命と結ばれている。私たちは地球の環境を整備するか、死を選ぶかのいずれかである。地球市民権を選び取ること、それは私たちの運命共同体を選び取ることである。」

このように考察してくると、フクヤマの『大崩壊の時代』は、経済先進国の社会の価値観が崩壊したことを明らかにした点では、価値が認めらるが、社会規範の再構築の過程がすでに始まっているという見解には、説得性が欠けているし、経済の発展が民主的でリベラルな国家へと押し進めていくという議論は、あまりにも楽観的で認めることができない。またフクヤマは、社会の価値観の大崩壊を論じながら、他のもう一つの危機である地球環境の大崩壊現象について言及しておらず、彼の立場は一面的であると言わざるをえない。

五　二つの道

二〇〇一年五月一六日、米ホワイトハウスは、ブッシュ政権の新エネルギー政策の概要を発表し、原子力発電を推進する方針を打ち出した。当日ブッシュ大統領は、「環境問題は科学技術で解決できる」とも述べている。ブッシュ政権は、地球温暖化防止に向けた「京都議定書」の不支持を表明し、弾道弾迎撃ミサイル（ＡＢＭ）制限条約の修正を要求している。ブッシュ大統領は、経済成長を優先し、環境の保全に背を向けている。アメリカという超大国が生活様式の向上・維持のために、エネルギー供給の最優先を打ち出したことは、地球環境の崩壊を一層推進するものとして憂慮せざるをえない。フクヤマの『大崩壊の時代』は、浅いエコロジー運動の立場に属しており、間接的にではあるが、ブッシュ政権を側面から支える議論を提供しているようにも思われる。

他方、ヨーロッパでは、別の道が模索されていた。一九五〇年の「シューマン宣言」は、フランスとドイツの対立を解消するために、アルザス、ルール、ロレーヌなどの両国の石炭・鉄鋼資源を共同の機関のもとに管理するというものであった。この構想を発展させて、一九九二年二月、欧州共同体（ＥＣ）の加盟国一二ケ国がマーストリヒト条約に調印して、欧州連合（ＥＵ）が成立した。欧州連合の国々では、自然・環境の保全を優先し、チェルノブイリの原発事故をふまえて原発廃止の方針を打ち出し、省エネ、ゴミを減らすこと、自家用車の利用を減らすこと、風力発電の拡大などに努めている。一例として、フライブルク市での環境対策を見ると、ゴミを減らすために徹底したリサイクル戦略、「省エネライト」の無料配布、学校単位での省エネ計画、レギヲカルテ（地域環境定期券）の発行、「車なし」のためのシステムづくり、などが試みられている。ヨーロッパでは、地球運命共同体の自覚にもとづいて、深いエコロジーの運動を押し進めようとしている。

ところで、我が国では政府は依然として、ブッシュ政権と同様に、経済成長を優先する方針を堅持している。多くの人々も大量生産と大量消費によって景気が回復されるものと思いこんでいる。日本は、アメリカと同じ道を進むことが、長期的にみるとよいことなのだろうか。国民一人一人が地球環境の危機についての認識を深め、二〇世紀は経済の時代ではなくて、環境の時代であるということを認識し、自民族中心主義や自国中心主義の立場ではなく、モランが指摘するように、他国と協力して経済成長と経済競争についての国際的規制をはかり、持続可能な社会の構築を試みることが必要であろう。地球環境の危機は、環境ホルモンの危険性が判明してから、もはや特定の学問の問題ではなくなった。すべての学問が地球環境の危機に注目して、共通の価値観を育成し、その解決をはかるように努めなければならない。そのためには、我が国は、ブッシュ政権の自国中心主義に追随することなく、かなり遅れてはいるが、欧州連合と同じ道を歩むことが大切なのではなかろうか。

二〇〇一年九月十一日、ニューヨークで同時多発テロにより、世界貿易センタービル（百十階）の南北両棟が二機のハイジャックされた民間旅客機が激突したことにより崩壊し、約三千人の死者・行方不明者がでた。同年十月八日、米英両国軍は、テロリストをかくまっているとの理由で、アフガニスタンのタリバン政権に報復爆撃を始めた。ブッシュ大統領は、テロを撲滅するために、長期間にわたって戦争を続けることを表明している。

私たちは、テロリズムに対しては、それは多くの人々に深い悲しみとはげしい憎悪をもたらすだけであるとして反対するとともに、米英両国に対しては、報復爆撃を拡大することは、たとえタリバン政権を崩壊させることに成功したとしても、それ以上に地球の環境を悪化させ、子どもや老人を餓死に追い込むだけであるとして、反対し行動することが求められているように思われる。ブッシュ政権が、テロ対策以外の面でも、できるだけ自国中心主義の方針を変更して、国連の一員として、世界平和と地球環境の保全のために、貢献する道を歩まれることを期待したい。

参考文献

1　フランシス・フクヤマ『大崩壊の時代』鈴木主税訳　上・下、早川書房、二〇〇〇年
2　メドラ・H・メドウズら『限界を超えて』茅陽一監訳　ダイヤモンド社、一九九二年
3　シーア・コルボーンら『奪われし未来』長尾力訳　翔泳社、一九九七年
4　アラン・ドレングソン『ディープ・エコロジー』井上有一監訳　昭和堂、二〇〇一年
5　エドガール・モラン『祖国地球』菊池昌実訳　法政大学出版局、一九九三年
6　太田哲男『レイチェル＝カーソン』　清水書院、一九九七年
7　今泉みね子『フライブルク環境レポート』　中央法規、二〇〇一年

宇宙と人間の構図
―プラトン『ティマイオス』をめぐって―

矢内　光一

はじめに

プラトンの宇宙論・自然哲学が展開されている『ティマイオス』は、その後のヨーロッパの古代と中世を通じて最大の影響力をもった哲学的著作の一つである。『ティマイオス』の宇宙論は、科学史・科学思想史の文脈で見れば、近代科学が成立する過程で批判の対象とされたヨーロッパの伝統的な宇宙論の原型ないしパラダイムとして位置づけられると言っても過言でない。そのことはまた、『ティマイオス』の宇宙論が、すでに捨て去られた宇宙論であり、今日のわれわれの常識的な宇宙のとらえ方と大きく異なっていることを意味している。そのような宇宙論を取り上げることに、どのような意義があるのだろうか。歴史的研究の観点からすれば、『ティマイオス』

はヨーロッパの哲学史と科学史のなかで大きな位置を占めており、宗教史・宗教思想史においてもその影響は甚大であると考えられ、『ティマイオス』を取り上げ、その宇宙論を具体的に明らかにすることには大きな意義がある。しかし、それだけでなく、それの解明は、近代以降に切り開かれた思想の地平がいかなるものかを逆照射する手がかりになりうるとも考えられるだろう。以下では、『ティマイオス』で宇宙と人間がどのような関係においてとらえられているかに焦点をあわせながら、その宇宙論の特色を明らかにしたい。

一　マクロコスモスとミクロコスモス

『ティマイオス』では、宇宙だけでなく、人間も論じられる。しかし、それらは無関係に論じられているのではない。『ティマイオス』には、宇宙をマクロコスモス（大宇宙）、人間をミクロコスモス（小宇宙）として、宇宙と人間を対応づけ、類比的に把握する考え方が明瞭に認められる（ただし、「マクロコスモス」、「ミクロコスモス」という言葉が用いられているわけではない）。具体的には、例えば、宇宙全体は球形とされ、人間の球状の頭部がそれに対応づけられている（44d3-5。以下でも、『ティマイオス』の出典箇所を示す場合、そのことを断らない）。マクロコスモス―ミクロコスモスの把握方式は、初期以来のギリシア思想に伝統的に見られる考え方である（Cf. W. K.

C. Guthrie, *A History of Greek Philosophy*, I, pp.67, 130-132, 186-7, 201-2)。この考え方の重要な点は、宇宙と人間の間にたんに外形上の類似性を見いだすというよりも、むしろ、それに先んじて、両者をともに「生きているもの」としてとらえるところにある。宇宙・自然全体が「生けるもの」ととらえられ、そのようにとらえられた宇宙と「生けるもの」である人間が対応づけられているのである。また、ギリシア語の「プシューケー（魂）」は「生命」の意味をもち、「生きている」は「魂をもつ」と言い換えられうる。『ティマイオス』では、宇宙は魂をそなえた一個の生物ととらえられており、『ティマイオス』の宇宙論はこの点でも伝統的なマクロコスモス―ミクロコスモスの把握方式の延長上にある。

しかし他方で、『ティマイオス』では、この把握方式に新たな形式と内容が与えられている。宇宙と人間はただ魂をもった生物とされるだけでなく、そのいずれもがもつ魂として、特に、「同」の円と「異」の円というものがあるとされ、宇宙のそれらの二円と人間の二円はともに、宇宙を製作した神であるデーミウールゴスによって同様の素材から同様の仕方で作られ、本来的に互いに同質であると説かれ（41d4-8）、宇宙と人間はそのような「同」・「異」の円をもつものとして新たな形で関係づけられている。人間の二円は、人間の魂の神的・不死的で理性的な部分であり（43a4-5, 69d6）、球状の頭部に置かれて運動を行い（44d3-5, 43a6-44b5, 47b8-c1, 47c3-4, 47d5）、宇宙の二円は一様規則的な円運動を行うとされる（36c2-3, 47c1, 47c3）。このような二円によって、宇宙と人間は具体的にどのような形で関係づけられているのだろうか。

二 「同」の円・「異」の円——理性

『ティマイオス』では、宇宙は全体が一つの生物であるにとどまらず、理性（ヌース）をそなえた生物であるとされる。この主張は、宇宙は善美なものであり、しかも、その善美なあり方は神の意図と配慮によって実現されたとする目的論的立場からもたらされる。すなわち、宇宙製作神デーミウールゴスは「善なる」（29e1）ものであり、「善なるものには嫉妬心（出し惜しみの心）が生じない」（29e1-2）とされ、可能な限り善美なものを作ろうとする善意志をもつデーミウールゴスは、宇宙に理性が欠けているよりはそなわっているほうが「より美しい作品」になるという理由から（30b1-3）、宇宙を理性のそなわったものとして作ったとされる。ただし、デーミウールゴスは「魂を離れて理性が何ものかにそなわることは不可能であるということを見出し」（30b1-3）、「理性を魂のうちに組み込み、魂を身体のうちに組み込んで宇宙を構成し」（30b4-5）、その結果、「この宇宙は魂と理性をそなえた生物になった」（30b7-c1）と説かれている。

このように宇宙は理性をそなえているとされる。だが、その理性が何を指すかについて、『ティマイオス』は明白な言明をしていない。しかし、宇宙の理性を『ティマイオス』のうちに探ろうとしてまず注目されるのは、デーミウールゴスによって製作された宇宙の魂、とりわけ、「同」・「異」の二円である。図で、「同」の円は球形の宇宙において天球上の赤道に沿って東から西へと運動する円軌道、「異」の円は「同」の円の内側にあってほぼ黄道に沿って矢印の方向に運動動する円軌道である（「異」の円は実際には「七つの不等な円」に分割されるが、本稿の問題からすれば、この図によって「同」の円と「異」の円を表わしておいてさしたる問題はない）。

デーミウールゴスによる「同」・「異」の二円の製作は、宇宙の魂の製作の一環として述べられており、理性の製作として言われているわけではない。しかし、それらの二円が宇宙の理性的なあり方と深く関わると考えられていることは明らかである。「同」・「異」の二円は、「同一の場所で一様に回転する運動」（36c2-3）を与えられ、それぞれ一様な円運動を永久に続けるとされる。また、円運動は「理性と思慮に特に関わりのある」（34a2-3）運動とされ、「同」・「異」の二円は、理性に特に関わる円運動を、「乱れることなく」（47c1）一様かつ永久に続けているという意味で、理性的であると表象されていると言ってよい。さらに、「同」・「異」の二円の円運動は、それ自体が同時に思惟活動

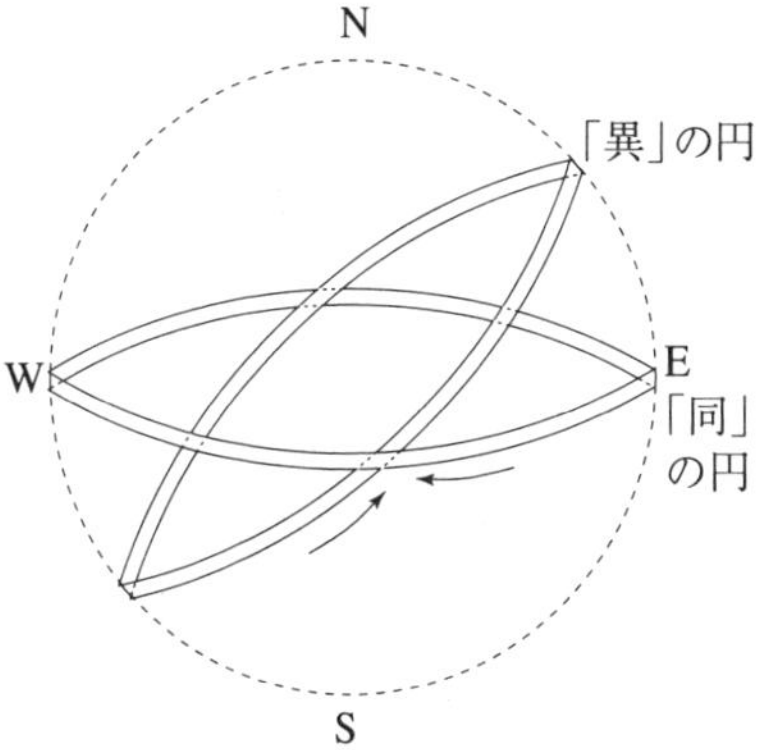

でもあるとされている（37a2-c3）。宇宙は、「同」・「異」の二円が一様な円運動＝思惟活動を永久に続けているという意味で、理性的な生物であると主張されているのである。

われわれは先に「同」・「異」の二円を目に見えるがごとく図示した。しかし、それらは実際には「不可視」（36e6）である。そのような「不可視」なものが存在するという根拠は天文学のうちに求められる。既述のように、「同」の円は天球の赤道に沿って運動し、「異」の円はほぼ黄道に沿って運動する。だがそれだけでなく、「同」の円は恒星がそこに「置」かれた、恒星を運ぶ円であり（40a4）、「異」の円は実際には「七つの不等な円」からなり、太陽、月、水星、金星、火星、木星、土星がそこに「置」かれた、それらを運ぶ円であるとされる（38c7）。すなわち、恒星は「同」の円に据えられ、「同」の円が円運動を行うことによって運行し、太陽、月および五惑星も同様に各々の「異」の円が円運動を行うことによって運行すると説かれている。プラトンは宇宙に「同」・「異」の二円が存在すると述べることによって、宇宙が思惟活動を行う理性的な生物であると主張しているが、それが思惟活動を行っていることは天体の運行によって示されているると考えているのである。われわれが目の当たりにする星の運行は宇宙の二円の円運動＝思惟活動の現れであり、二円の一様・規則的な円運動は、生命を欠いた機械的運動ではなく、生命運動であり、しかも、たんなる生命運動ではなく、あくまで「乱れることのない」秩序ある理性的な生命運動であるとプラトンによって主張されていると言ってよい。

先に触れたように、『ティマイオス』では、宇宙の「同」・「異」の二円と同様のものが人間にもあるとされる（42c4-5, 43a4-5, 43d1-3）。人間の「同」の円と「異」の円は球形の宇宙に対応する球状の頭部にあるとされ、魂の理性的部分にあたる。勇気的部分（70a2-3）、欲望的部分（70a5-6）という魂の他の二部分が「可死的」（61c7-8）であるのに対して（それらの部分はデーミウールゴス自身によって作られたのではなく、デーミウールゴスによって作られた製作諸神デーミウールゴイによって作られたとされる）、人間の「同」・「異」の二円は、デーミウールゴス自身が宇宙の二円と同じ素材から直接作った「不死的」・「神的」部分であるとされる（41d4-7, 43a4-5, 44d3）。しかし、人間の二円は、宇宙のそれとは異なり、必ずしも現実に円形・円運動をなし、十全たる思惟活動をなしているわけではない。それらの円はデーミウールゴス自身によって作られたため不解離であるが（43d6-7）、しかし、養分その他の物質の流れにさらされてさまざまな形で歪曲され、そのため認識活動も必ずしも正しく行いえず（44a1-5）、本来は魂の他の二部分と身体を支配すべきであるが、現実には十分に支配しえていないとされる。このように、人間の二円は、宇宙のそれとの類比性が主張されるとともに、他方では対比性が強調されている。しかし、われわれはここで、宇宙の二円と人間の二円のそのような関係のうちに、前者が後者にとってのモデルとしての意味をプラトンによって付与されていることに注意すべきだろう。人間の二円は現実には宇宙のそれと同様のあり方をしていないが、しかし、人間は宇宙の二円の理性的なあり方を可能な限り実現すべきものとしてとらえられているのである。

三　「見る」と「知る」

宇宙と人間の関係をさらに具体的に検討するために、視覚が『ティマイオス』でどのように位置づけられているかを取り上げよう。『ティマイオス』では、眼が神によって人間に与えられた理由が次のように述べられている。「そのためにこそ神がわれわれに眼を授けた、眼の、益をもたらす最大の働きを、次に話さなければならない」（46e7-47a1）とされ、「視覚こそ、われわれに最大の益をもたらすものの原因となっている。というのは、いま宇宙について語っていることの何一つとして、もし星や太陽や天を見るということがなかったならば、そもそも語られなかったであろうからである。しかし実際には、昼と夜が見られ、また暦月や、年の循環、春分・秋分、夏至・冬至が見られ、それらが数の考案をもたらし、また時間の観念と宇宙の本性についての探究をもたらしたのである。そして、これらのものから、われわれは哲学（ピロソピアー）を獲得したのであるが、これよりも大きな善が、神々からの授かりものとして可死的種族（＝人間）に生じることはかつてもなかったし、これからもないであろう。これこそが眼のもたらす最大の善であると私は主張しているのである」（47a1-b3）と述べられる。視覚ないし眼は、「（人間に）最

大の益をもたらすもの」・「最大の善」である哲学を生ぜしめ、哲学の「原因」であると位置づ

けられている。眼が人間にそなわっているのは本来天体を見るためであり、それを通じて哲学を

獲得するためであるということが眼および視覚の位置づけであり、『ティマイオス』では感覚の

なかでも視覚が哲学をもたらすものとして特に重視されている。

しかし他方で、ただ天体を見ているだけでは不十分であるとも述べられている（91d7-e1を参照）。プラトンはこのことによって何を言わんとしているのだろうか。この点については、次の言葉が手がかりとなる。「神がわれわれに視覚を考案して授けたのは、次のことのためである。すなわち、われわれが天にある理性の回転軌道を観察して、その乱れることのない回転軌道を、それと同類の、乱れた状態にあるわれわれの思考の回転運動のために役立て、（天にある乱れなき理性の回転軌道を）十分に学んで自然に即した計算の正しさにあずかり、まったくさまようことのない神（＝天）の回転軌道をまねて、われわれのうちにあるさまよった状態にある回転軌道を立て直すためである」（47b6-c4）。この箇所の「天にある理性の回転軌道」は宇宙の「同」・「異」の二円、「われわれの思考の回転運動」は人間の「同」・「異」の二円を指すと考えられる。視覚は、人間の二円を宇宙の二円に関係づけ、人間の円が宇宙の円を模倣すべく、人間に与えられているというのが、視覚に関する『ティマイオス』の基本的な位置づけであると言ってよい。

しかし、視覚が人間の二円を宇宙の二円に関係づけるということは、いかなる意味で言われて

いるのだろうか。これを検討するためにまず、先に引用した「天にある理性の回転軌道を観察し（カティドンテス）」（47b7）という表現を取り上げよう。その表現を字義通りに解せば、人間は視覚によって「天にある理性の回転軌道を観察し」、またその「回転軌道を観察」するために視覚を与えられたということになる。しかし、「天にある理性の回転軌道」が宇宙の二円であるとすれば、それらの二円は不可視な魂であり、不可視な魂を視覚によってとらえることは不可能であろう。しかしまた、『ティマイオス』の別の箇所では「宇宙のなす思考と回転運動は、われわれのうちにある神的なものと同類の運動である」（90c7-d1）とされ、「各人は、それら（宇宙のなす思考と回転運動）に従い、宇宙の調和と回転運動を学ぶことによって、生まれたときに損なわれてしまったわれわれの頭のなかにある回転運動を正し、理解するもの（ト・カタノウーン）をその本来のあり方に関して理解されるもの（ト・カタノウーメノン）に似せなければならない」（90d1-5）と述べられている。この箇所では特に視覚が問題にされているわけではなく、宇宙の二円と人間の二円の関係そのものが論じられており、宇宙の二円と人間の二円は、前者が「理解されるもの」、後者が「理解するもの」として、つまり、前者が認識される客体、後者が認識を行う主体として（この場合の認識は、視覚的感覚的認識ではなく、知的理性的な認識である）、互いに関係づけられている。すなわち、人間は視覚によって「天にある理性の回転軌道を観察」するかのように先の箇所で述べられているとしても、しかし、宇宙の二円は、人間の二円によって認識されるのであり、視覚によって認識されるのではないというのが、『ティマイオス』の本来の規定と解すべきである。このことから、宇宙の円は人間の円によって知的に認識されるという形で、宇宙は人間のモデルとされているということが明らかになるだろう。しかし、『ティマイオス』で視覚に重要な位置が与えられていることも事実である。その点を改めて問題にする必要があるが、そのためには、可視的な天体の運行がどのように説明されているかを押さえておかなければならない。

すでに述べたように、宇宙の「同」の円は恒星がそこに「置」かれた、恒星を運ぶ円であり、「七つの不等な円」に分割された「異」の円は太陽・月および五惑星がそこに「置」かれた、それらの天体を運ぶ円である。宇宙の円は、天体を言わばそこに載せ、円運動を行うことによって天体を運び、天体の運行をもたらすとされている。天体運行に関する『ティマイオス』のこの説明方式は、自己運動を行う魂をあらゆる運動の究極的原因とする『パイドロス』と『法律』に見られる考え方を(『パイドロス』245c5-246a1,『法律』895e10-896b3)、天体運行論に即して具体的に展開したものと考えられる。『ティマイオス』では可視的な天体運行は可視的な天体自身の運動によるのではなく、不可視な魂である二円の一様・永続的な円運動によるとされ、魂が自己運動を行うことによって天体運行を生ぜしめるとされており、「同」・「異」の円という魂の運動が天体運行の原因とされているのである。

天体運行と二円の運動の関係を認識論的な観点からとらえれば、天体はその身体の大部分が火から作られたとされ、可視的であり（40a2-4, 31b3）、したがって、天体運行も可視的である。天体運行は視覚によって認識され、それが現に運行しているままに人間に見える。その意味で、天体運行は人間にとって視覚的に現われるものであり、視覚的な現象である。それに対して、天体運行の原因である二円の運動は魂の運動であり、魂は不可視であるため、それらの運動は視覚によっては認識されず、人間の二円という理性的魂によって認識される。その意味で、二円の運動はあくまで視覚的認識の対象でなく、知的理性的に認識される。しかし他方で、二円の運動は天体運動をもたらす、それの原因であり、天体運行は二円の運動の視覚的な現われである。われわれが恒星の運行を見ている場合、恒星の運行のうちに「同」の円の運動の視覚的な現われを見ており、惑星の場合には、「同」の円の運動と「異」の円の運動の合成的な視覚的現われを見ているというのが、『ティマイオス』の天体運行論の説明方式である。

このようにして、『ティマイオス』では、人間は、天体およびその運行をただ見ているだけではなく、天体運行を見ることから、さらに進んで、それの原因である魂の運動を認識すべきであると説かれていることになる。その場合、視覚は、人間がそれによって二円の運動の視覚的現われとしての天体運行を見る限りにおいて、重要な位置を与えられ、しかし同時に、天体運行を見ているだけではその原因である宇宙の魂の運動が認識されえないという意味で、限定的な位置を与えられている。視覚は、人間が可視的な天体運行の認識から宇宙の不可視な魂の運動の認識にいたるうえでの媒介的役割を果たすとされていると言うことができるだろう。

宇宙の二円の運動を認識するのは、人間の二円、特に言えばその運動であり、宇宙の二円の運動と人間の二円の運動との間には、前者が認識される客体、後者が認識する主体という関係があり、また、その場合の認識は知的理性的認識であった。ここでわれわれは、『ティマイオス』のこのような説明方式に含まれていると考えられる一種の認識論的な考え方に注目しよう。すなわち、宇宙の二円の運動は不可視であって視覚によって認識されえず、人間の二円の運動によって認識さるべきものとされ、視覚によって認識されるのは可視的な天体運行であるとされるが、宇宙の二円と人間の二円は同じ素材からほぼ同様の仕方でデーミウールゴスによって作られたとされ、それら両者の間には本来、同質性があると考えられている。主として火からなる可視的天体と、火の一種とされる視覚（45b4-d3）の間にも同様の関係が認められる。このことは、認識される客体と認識する主体とは、存在論的に互いに同質的であるとされていることを

類同認識説

認識客体	∽	認識主体
宇宙の「同」の円・「異」の円の運動	∽ （不可視的）	人間の「同」の円・「異」の円の運動
天体運行	∽ （可視的）	視　覚

意味するであろう。宇宙の二円はそれと同質的な人間の二円によってその運動が認識され、可視的天体はそれと同質的な視覚によってその運行が認識されると考えられているのである。そして、前者の認識は知的理性的認識であり、後者の認識は視覚的感覚的認識であり、それらの認識は互いに区別されている。ここには、認識されるべき客体と認識すべき主体の間に存在論的な同質性が成立していなければ、両者の間には認識の営みが成立せず、認識は、存在論的に同質な、類似したものの間においてはじめて成立するとする考え方が認められるだろう。このような、類似したものは類似したものによって認識され、類似しないもの相互の間には認識が成立しないとする考え方を類同認識説と呼ぶとすれば、『ティマイオス』では、宇宙の二円の運動、人間の二円の運動、天体運行、視覚の四者の間に、この考え方が前頁の表のような形で認められ、この考え方が、『ティマイオス』の宇宙と人間の関係づけの前提となっていると言うことができるだろう。

四　「学ぶ」と「まねる」

類同認識説の考え方は、『ティマイオス』では、認識が成立するためには認識客体と認識主体の間に存在論的な同質性がなければならないということを意味するにとどまってはいない。すでに見たように、人間の二円の運動という認識主体は宇宙の二円の運動という認識客体を「まねることによって」、「さまよった状態にある」認識主体そのものを「立て直す」とされ、あるいは「理解するもの」である認識主体を「理解されるもの」である認識客体に「似せなければならない」とされる。『ティマイオス』では宇宙は人間にとってモデルであり、とりわけ、宇宙の二円の運動が人間の理性的魂の運動のモデルであったが、人間の理性的魂の運動はそのモデルである宇宙の二円の運動に類似していかなければならないと説かれているのである。

その場合の「まねる」・「類似する」と「認識する」の間にはどのような関連があると考えられているのだろうか。この点については、「(天にある、乱れなき理性の回転運動を)十分に学んで自然に即した計算の正しさにあずかり、まったくさまようことのない神(=天)の回転軌道をまねる」と述べられ、また「宇宙の調和と回転運動を学ぶことによって、生まれたときに損なわれてしまったわれわれの頭のなかにある回転軌道を正す」とあるように、人間が宇宙の二円の運動を「学ぶ」ということ自体が、宇宙の二円の運動を「まね」、それに「類似する」ということを意味していると解されるだろう。すなわち、人間の二円は宇宙の二円を認識すればするほど宇宙の二円により類似していくと考えられているのである。より一般的には、認識主体は認識客体を認識するという行為そのものを通じて、認識客体により類似していくと考えられていると言ってよいであろう。類同認識説は、『ティマイオス』では、認識主体は認識行為そのものを通じて認識客体に類似していくということをも——少なくとも、人間の二円の運動と宇宙の二円の運動の間では――意味している。認識の営みはただ認識することにとどまらず、認識する主体のあり方そのものを変化させ、認識する主体をして認識される客体により類似せしめる。この考え方は、認識主体のあり方を変えると考えられているという意味では存在論的な含蓄をもち、また、認識主体の自己形成と考えられているという意味では教育論的・実践論的な含蓄をももっている。『ティマイオス』では、理性的生物たる宇宙は理性的生物たるべき人間のモデルとされるが、人間の理性的魂の運動が、宇宙の理性的なあり方を示す「同」の円・「異」の円という魂の運動を認識すれば認識するほどそれに類似し、より理性的になるという形で宇宙と人間の関係づけがなされているのである。

五　数学的秩序

人間の二円の運動は認識することによって宇宙の二円の運動を実現するとされるが、宇宙の二円の運動は、どのような性格をもつと主張されているのだろうか。この点は、プラトンの宇宙論の一般的な特性を検討し、その特性との関連において検討することにする。

プラトンの宇宙論の一般的特性としてここで取り上げようとするのは、『ティマイオス』における数学の位置の問題である。この問題に関しては、デーミウールゴスが数学と深い関わりをもつ存在であることに注目する必要がある。そのことを示すためには、『ティマイオス』の宇宙論全体の構造を明らかにしなければならない。『ティマイオス』の叙述を文字通りに解せば、そこで呈示されているのは一つの包括的な宇宙生成論である。しかも、それは第一段と第二段からなる二段構えの生成論の形を取っている。第一段と第二段では製作主体が異なり、第一段では（単数形の）デーミウールゴスが製作神であり、第二段では、そのデーミウールゴスによって製作された神々が製作神（複数形のデーミウールゴイ）となる（後者の神々は具体的には天体である）。また、『ティマイオス』の宇宙生成論全体は、内容的には、一貫した生物生成論となっている。すなわち、第一段と第二段を通じて、製作されるものは、いずれも生物、または生物を形づくるべき何らかの部分であり、宇宙生成論全体は魂と身体をそなえたもろもろの生物の生成論となっている。この点を少し詳しく見れば、第一段でデーミウールゴスによって製作される、全体としての宇宙および諸天体は、いずれも不死的な生物、すなわち神および神々とされ、第一段は全体が不死的生物生成論すなわち神々の生成論（テオゴニアー）をなしていると解釈されうる。それに対して第二段で天体諸神によって製作される人間および動植物は可死的生物であり、第二段全体は可死的生物生成論となっている（ただし、既述のごとく、人間は第二段で製作されるが、人間にそなわる魂の理性的部分［転生論との関連で、動物にもそなわるとされる］はデーミウールゴス自身が作ったとされ、これは「不死的」、「神的」とされる）。『ティマイオス』ではまた、伝統的な神々についても言及され、伝統的神々はデーミウールゴスによって製作されたとはされないが、プラトンはそれらの神々を否定・排除せずに、神々に関する伝統的な生成論（テオゴニアー）を一定の仕方で受け入れ、第一段の神生成論に伝統的神生成

宇宙生成論＝生物生成論

- 不死的生物生成論＝神生成論
  - 宇宙生成論
  - 天体生成論
  - 伝統的神生成論
  - 第一段：製作神　デーミウールゴス
- 可死的生物生成論
  - 人間生成論
  - 動物生成論
  - 植物生成論
  - 第二段：製作神　天体

論を接合している。このように、宇宙生成論全体は包括性と一貫性を有しているおり、それをまとめれば右のように表される。

『ティマイオス』で数学が適用されているのは、第一段の生成論に限られている。数学の適用箇所は三つ挙げられるが、そのいずれもがデーミウールゴスの製作に関わっている。まず、宇宙の身体を構成する要素が四種類（四元）であることを導出する箇所（31b4-32c4）で、$a^3 : a^2b = a^2b : ab^2 = ab^2 : b^3$ の連比が用いられ、a^3, a^2b, ab^2, b^3 に火、空気、水、土があてはめられている。さらに、物質構成論（53c4以下）で四元が改めて問題にされ、正多面体論が適用され、火が正四

面体、空気が正八面体、水が正二十面体、土が正六面体に割り当てられるとともに、それらの多面体を形づくる正三角（正四面体、正八面体、正二十面体の各面）と正方形（正六面体の各面）をそれぞれ構成する二種類の直角三角形が物質の構成要素とされている。デーミウールゴスはこの宇宙を製作するさいに、「平静な状態になく、調子はずれで無秩序な運動をしていた可視的なものの一切を受けとり」（30a3-5）、「比率も尺度もなく」（53a8）、「神が不在の」（53b3）状態にあったものを「形と数でもって」（53b3）「まず秩序立て、次いでそれらのものから」（69c1）この宇宙を製作したとされ、デーミウールゴスは物質そのものを幾何学的数学的に整えて「形づくった」（53b4）とされるが、このデーミウールゴスによる物質の形成において正多面体論が適用されている。このように宇宙の身体を構成している物質に関する理論に数学理論が適用され、デーミウールゴスは「形と数でもって」宇宙の身体を製作する。デーミウールゴスは宇宙の魂に関しても同様のことを行う。デーミウールゴスは、まず魂を形づくる素材を混合し、次いで混合して「一つ」になったものを分割することによって魂を製作していくが、デーミウールゴスはその分割において数論を用い、特に調和平均と算術平均を用いるとされ（35b4-36b5）、デーミウールゴスによる魂の製作においても数学理論が適用されている。これに対して第二段の生成論では、製作神である天体諸神も「推理」（72e2）を行うが、しかし、数学理論の適用は見られない。デーミウールゴスにしてもすべてを数学理論にもとづいて製作したというわけではない。しかし、数学的な製作行為はデーミウールゴスに限られている。デーミウールゴスの製作行為によって、宇宙は物質レヴェルにおいても数学的な秩序があり、魂も「数理や調和にあずかっており」(36e6-37a1)、七つに分割された「異」の円も「比率ある運動をしている」(36d6-7)と主張されているのである。

われわれの目下の問題に即せば、特に、宇宙の二円およびその運動が数学的秩序をもった存在であるとされている点が重要である。人間は宇宙の二円の運動を知るべき存在とされたが、知られるべき宇宙の二円は「数理や調和にあずかっており」、その運動は「比率ある」運動であるとされ、人間はそのような数学的秩序をこそ知らなければならないとされているのである。そして、『ティマイオス』におけるプラトンの主張の特徴は、人間の二円の運動が、それと同質の宇宙の二円の運動の数学的秩序を知ることによって、その数学的秩序を自らのうちに実現し、より理性的なあり方をするという点に求められるだろう。人間の二円は必ずしも現実に、円形をとり円運動を行っているわけではなく、その運動には必ずしも「比率がない」(43e3)が、人間は宇宙の二円の運動を「十分に学んで自然に即した計算の正しさにあずかり、まったくさまようことのない神(=天)の回転軌道をまね」、「宇宙の調和と回転運動を学ぶことによって、生まれたときに損なわれてしまったわれわれの頭のなかにある回転軌道を正し」ていくとされており、人間の二円の運動は、宇宙の二円の運動を認識することによって、宇宙の二円に類似しその「比率ある」運動を実現していくとされている。

六　宇宙論と宗教的含蓄

『ティマイオス』の宇宙生成論全体は先に掲げた表にみられるように、神生成論をも含むものであり、神々の体系をも伴っている。この神々の体系の顕著な特徴は、天体が神々とされ、伝統的な神々よりも上位を占め、また第二段の製作神とされている点にある。古典期までのギリシア宗教では重要な位置を占めてはいなかった天体に『ティマイオス』でこのように重要な位置が与えられた最大の理由は、可視的な天体の運行が魂の運動によってもたらされ、それの視覚的な現われであるとされているところに求められるであろう。人間は視覚によって天体の運行を認識することから、それの原因である宇宙の二円の運動を自己の内なる二円によって認識し、そのことによって、宇宙の二円の理性的なあり方を実現していくというのが、『ティマイオス』の主張するところであり、天体の運行は人間がそのようなあり方を実現していくうえでの契機となっており、その意味において、天体は『ティマイオス』で重要な位置を与えられ、神性が認められていると言ってよいだろう。

人間は宇宙の二円の運動を認識し、その数学的な秩序を自己の理性的魂のうちに実現していくべきであるという『ティマイオス』の主張には、宗教的意味が込められている。認識さるべき宇宙はそれ自体一つの神であるとされる。それが神であるとされる直接的な理由は、宇宙が一様・規則的な円運動を永久に続ける「同」・「異」の二円をもった不死的な生物であるとされているところに求められる。人間は、宇宙を不死的な生物としての神たらしめている二円の運動を認識することによって、自己自身もより神的になっていく。人間の二円はまた魂の「不死的」、「神的」部分とも呼ばれているが、宇宙の二円の運動を認識することを通じてそれにより類似し、より神的になっていくとされているのである。人間は神に似るべきであるという思想は、『国家』(500b8-d1)や『テアイテトス』(176b1-2)にも見られるが、『ティマイオス』では神への類似の思想が、宇宙の二円の数的秩序ある運動を人間の二円が認識することを通じてその数的秩序を自己のうちに「可能な限り」実現していき、そのことによってより神的になっていくという形で宇宙論的に展開されていると言ってよいだろう。嫉妬深き神々というギリシアの伝統的な神観からすれば、神への類似は不敬であり、傲慢(ヒュブリス)である。プラトンは『ティマイオス』で「嫉妬なき」デーミウールゴスという神を登場させ、宇宙は善なる意志をもつこのデーミウールゴスによって「可能な限り」善なるものとして作られたと説く。デーミウールゴスは「可能な限り」善美な宇宙をつくることに喜びを見出す神である(37c7)。その二円を不死なるもの・神的なものとしてデーミウールゴス自身によって作られた人間が、神に類似し、神々に近づくことは傲慢であるのでも不敬であるのでもなく、かえって、敬虔な生き方であり、幸福につながると説かれているのである（90c6）。
　われわれはプラトンのこのような思想のうちに、前五世紀末までにソフィストや自然哲学者たちによって伝統的神々に激しい批判が加えられ、危機的状況にあった宗教を救い、宗教を新たな形で再建しようとする意図を認めることができるであろう。神々の体系を含む『ティマイオス』の宇宙論は、プラトンのその意図の具体化でもあったと言ってよい。プラトンは天体運行のうちに宗教を再建する拠り所を見い出し、それを理性的魂の運動の現われととらえ、また人間のうちにも同様の理性的魂があるとし、人間は天体運行を視覚的に認識することからそれの原因を理性的に認識し、そのことによって人間自身が宇宙の理性的な魂の運動の秩序的なあり方を自己のうちなる理性的魂のなかに実現していき、より神的になると説いているのである。より神的になる方途は、理性による。このことは、プラトンにあっては、宗教的営為と宇宙の秩序を知的に探究する哲学的営為が、相対立するものではなく、同一方向においてとらえられ、位置づけられていることを意味している。

参考文献

1　プラトン『ティマイオス』（I.Burnet, *Platonis Opera*, IV, Oxford, 1902所収）

2　種山恭子訳『ティマイオス』（『プラトン全集』一二、岩波書店、一九七五年、所収）

3　F. M. Cornford, *Plato's Cosmology*, London, 1937.

4　G. Vlastos, *Plato's Universe*, Seattle, 1975.

現代社会と数学
―「証明」の意味するもの―

根岸　洸

はじめに

「証明」という言葉あるいは文字から、我々が先ず連想する学問は数学であろう。そして、より高い教育を受けた高齢な人ならば、ユークリッド幾何学を回顧するだろう。最近の中学生以上の学生たちは、反射的に「図形（幾何学）」をにがにがしく思い浮かべるだろう。

人間の思考方法は、大きく分けて類比、帰納的推論、演繹的推論そしてアブダクションという方法に分けられる（最後のアブダクションは広い意味の帰納的推論と考えられる）。類比という思考方法は、人間以外の動物の行動形態の中にも、見出すことができると言われている。したがって、ここでのテーマからずれていると思われるので、取り上げないことにする。

帰納的推論については、論じられることが少ない。帰納法と言えば高校時代に習った「数学的帰納法」が思い出されるが、実はこれは演繹法に他ならない。しかし自然科学、社会科学を問わず探求・発見等につながる、人間の知的活動の中で展開される推論の多くは、この帰納的推論なのである。

帰納的推論には本来的に曖昧さが残る。フランシス・ベーコンは、彼の著書『ノヴム・オルガヌム』のなかで、それまでの論理学を批判し、通俗的帰納法（簡単な枚挙法）を廃して「真の帰納法」の確立をめざした方法論を述べている。しかし今日まで、このような「科学的帰納法」がいずれかの分野で成功を収めているとは思われない。だから、科学の信頼性に係わる、次のような帰納法批判が存在する。

帰納的推論を正当化することによって科学の諸法則を正当化することは、不可能であり無意味なことだ、と京都賞受賞者である哲学者カール・ポパーは主張している。そして、我々は何も「証明」することはできない、最終的に残るものは、論駁に耐えた「暫定的真理」だけである、と彼は言う。

しかし、統計学は、今日、ますます広範囲に、それぞれの分野の理論の、根幹に係わる仮説の検証に利用されている。それは統計学が、帰納的推論と演繹的推論それぞれの役割をうまく結合させた理論だからである。

帰納的推論（分析）や演繹的推論（総合）は、古代ギリシャで生まれ、都市国家という形態の中で、問答法、弁論術の進歩とともに育てられたというのが定説である。各都市にある広場（アゴラ）での問答や弁論（さらには詩や演劇等）の競技〔アゴン〕が盛んに行われたのは何故か？「ギリシャの奇跡（数学が、ギリシャで誕生したこと）」は何故起こったのか？　これは、大層魅力的な問題であるが、その考察は別の機会にしたい。

このような環境の中で、ユークリッドが、それまでのギリシャの数学（主に幾何学）を集大成して『幾何学の諸原理』〔通称は幾何学原論〕を著した。これによって、演繹的推論は完全に形式化され、今日に至っている。特に、それ以後出版された数学の本や論文は、すべてこの「諸原理」の形式に倣って書かれていると言えるだろう。

この「諸原理」は、古代ローマの繁栄の影で忘れられていたが、一九世紀に入って、嘗ての栄光を取り戻した。そして、数学自身の内圧が、「非ユークリッド幾何学」を誕生させた。このことは現代数学への第一歩になるとともに、キリスト教社会における「ユークリッド神話」への強力な挑戦にもなった。他方、数学と物理学の進歩に支えられ、さらにはベーコンの自然界に対するマキャヴェリズム、デカルトの楽天主義〔演繹的推論への絶大なる信頼と科学技術の進歩への絶対的確信〕等に導かれて、一七世紀のヨーロッパで所謂「科学革命」が起こった。そして、二〇世紀に入ってからの、科学技術の進歩は、嘗てバナールが鳴らした警鐘などは、田園のなかの小川のせせらぎの音に思える程に、地球の危機を生み出してもくれた。

情報化社会の到来で、学校教育への、コンピュータの導入が始められてから、かなりの時間が経過している。生徒たちから、最も嫌われている算数や数学の指導を、コンピュータを使って行う研究が、数学教育に携わる人たちによって進められ、一定の成果をあげているが、特に幾何学（図形）の指導において、ソフトの開発と合わせて大きな進歩を遂げている。しかしそこで常に問題となり、解答が得られていない事は、「画面上で図形の性質や関係を理解させるのには、大きな効果を上げられるが、証明をどうするのか？」である。これは、演繹的推論の過程で、当事者が、任意に描いた（カントに従えば、純粋直観にしたがって、紙上に経験的直観として、ア・プリオリに現示した）図形とコンピュータが描いた図形を、幾何学の指導においてどのように扱うか、と言う問題なのである。

最近のわが国の教育問題の深刻さと、掛け声だけで、何ら改善の兆しの見えない状況の中で、教育の場での数学の比重は、ますます軽くなっている。

人類が、三千年かけて育んで来た諸学問の中で、嘗て数学の力が果たした役割と影響力の大きさを、現代において尚望むことは無理であろうが、今後、数学の力を必要としない時代が到来すると想像することは不可能である。このような前提に立てば、学校教育の中で「数学はいらない」

と言う考え方は正当ではない。学校教育の中での数学の学習は、その殆どの部分が、「証明すること」即ち演繹的推論の学習によって占められている。先の前提の如何に拘わらず、この学習の必要性を主張することが出来るのであろうか？

一　数学的証明と哲学的証明

古代ギリシャ以来の哲学と、その後のヨーロッパで生まれた諸哲学の一大統一をめざしていた、イマヌエル・カントの存在が、一九世紀以後の哲学界は勿論のこと、その他の学問分野、特に数学界に及ぼした影響の大きさは、想像以上であったようである。それは応用数学・哲学教授G・C・ロタの、次の言葉から推察される。

「いつか我々の文明が消えてなくなった後で、誰かが人類に対する永遠の価値をもつ貢献を捜し求めるだろう。そして、おそらく次の三つの運動だけが、時の試練に耐えるであろう。即ち、古代のアカデメィヤ、中世のスコラ哲学、そしてカントによって始められた今日の我々の思想のよりどころであり将来においてもそうであり続けると考えられるドイツ観念論と呼ばれる運動」

（数学者は大別して、プラトン主義者、形式主義者、そして構成主義者に分けられ、応用数

学者は、プラトン主義者だと言われている）

カントはその著書『純粋理性批判』のなかで、「数学的証明」の方法を哲学に適用できるかどうかを詳細に検討している。　そこで、ここではカントが述べている「数学的証明」と「哲学的証明」について考察する。それは前節末で提起した「証明とは何か」についての考察に対して、何かを示唆してくれだろうから。

カントが、上述の著書の中で、頻繁に取り上げている幾何学は、ユークリッド幾何学のことである。

ここで、ユークリッドの「幾何学の諸原理」について、簡単な紹介をしておく。

ユークリッドは、紀元前三世紀頃のギリシャの数学者である。これほどの偉業を成し遂げたにも拘わらず、出身地は各地で取りざたされていて、また生没年も不明である。アルキメデス（前二八七～二一二頃）と同時代に活躍したことは知られている。ユークリッドが、アレクサンダー大王が、エジプトの地に建設した国際都市アレクサンドリに、プトレマイオス王の招きで赴いたのは、ニーチェ流にいえば、ソクラテス以後「理論的人間」が哲学、芸術等の分野で支配的となり、「悲劇の死」をもたらした「不毛の時代」であった。だが他方で、この都市は、アレクサンダー大王以来の、文化重視のメセナ政策のおかげで、大きな図書館を有し、内外の多くの書籍を所蔵していた。そのため文献学が隆盛をきわめていた。

そのような時代に、ユークリッドは、それまでのギリシャ数学（殆どは幾何学であるが、数に関することも含む）を、彼自身の新しい命題をつけ加えて、集大成させた『幾何学の諸原理（ストイケイア）』を著した。「ストイケイア」とは、言語の基本的構成要素である、アルファベットを意味し、そのことから、ユークリッドは「幾何学の基本原理」として、「ストイケア」と呼んだと言われている。このことは、以下の簡単な紹介からもわかる。

この「原理」は、全体が一三の節から構成されている。各節の始めには、その節と、それ以後で必要な事項が定義される。例えば、第一節の最初の定義は、「点とは、部分を持たないものである」、そして「線とは幅のない長さである」と続き、つぎに、全体を通じて要請される、五つの事項「公準」があげられている。それは、

次のことが要請されているとせよ。

（一）任意の点から任意の点へ直線を引くこと

から始まって

（五）一直線が二直線に交わり、同じ側の内角の和を二直角より小さくするならば、この二直線は限りなく延長されると、二直角より小さい角のある側において交わる

と書かれている。特に五番目の公準は、「平行線の公準」と呼ばれ、要請事項を表す文章としては複雑であることから、これは命題として証明されるべき事として、やがて多くの数学者の頭を

悩ますことになる。それは、一九世紀の三人の数学者、ロシア人ロバチェフスキー、ハンガリー人ボヤイそしてドイツ人リーマンが現れるまで解消されなかった。この歴史的事件については、後でまた触れることにする。

次に、全体を通じての九つの共通概念「公理」が述べられている。例えば、「同じものに等しいものは、また互いに等しい」とか、「全体は部分より大きい」等。

そして、これら五つの公準（要請）と、九つの公理（共通概念）、そして第一節で掲げている二三の定義だけから、最初の命題、

「与えられた有限な直線（線分）の上に等辺三角形（正三角形）をつくること（ができる）」が証明される。それは、次のように行われる。

先ず、公準（三）「任意の点と半径をもって、円を描くこと」（円とその中心は定義されている）を用いて与えられた線分の両端を中心に、その線分の長さを半径とする、二つの円を描く。これら二つの円の交点の一つと、二つの円の中心を結んで出来る三角形の三辺は、公理（一）「同じものに等しいものは、また互いに等しい」により、互いに等しいことが言われ、正三角形を作図することが出来た。

これ以後の命題は、定義、公準、公理の他に、すでに証明されている命題も用いて証明される。このように、『諸原理』のなかで展開されている証明法は、「演繹的推論」と呼ばれ、また結論を

否定して矛盾を導き出すという、間接的証明法を、「帰謬法」と言い、これも演繹的推論の一つの方法である。カントは、このような推論の仕方を「数学的証明」と呼んで「哲学的証明」と区別しているが、その数学の生い立ちについて、次のように簡潔に述べている。

「数学は、人間の歴史が遡り得る最も古い時代から、ギリシヤ人という驚異すべき民族のなかで、一個の学としての確実な道を歩んできた。論理学に於いては、理性は自分自身だけを問題にするところから学の王道を見出し、或いはむしろ、かかる道を自ら開くのは比較的容易である。しかし、数学にあってはこのことが論理学に於けると同じようにたやすく成就されたと考えてはならない。むしろ私が思うに、数学には長い模索の時期があった（特にエジプト人の間では）。それが急転して一個の堅実な学になったのは、一つの革新を経たおかげである。そしてこの革新は或る一人の人が、或る試みをなすに当たってすばらしい着想を得たことによって生じたのである。この人以来、数学者は行くべき道に踏み迷うことなく、また学としての確実な道は、万世にわたり無限の遠きに至るまで開かれかつ予め指示されたのである。」

この一人の人とは、ユークリッドであると考えて間違いないだろう。

カントによれば、我々の有する認識には、「経験的認識」と「ア・プリオリな認識（純粋認識）」の二通りある。「経験的認識は、それ以外ではあり得ないということ、即ち必然性を意味しないが、与えられた命題が必然性を持つと考えられれば、それは、ア・プリオリな判断である」そして、「数学の中のすべての命題は、ア・プリオリな判断である」から、「数学は、純粋理性の輝かしい実例」（しかも、唯一の〔筆者〕）なのである。

また、「数学の明確性は、定義、公理および証明に基づいている」、これがカントの簡明な指摘である。

数学の定義は、必然性を齎すほどに厳密になされるのに対して、哲学の定義は、どちらかと言えば、「解明」と言うべきである、数学の公理は自明であるに対して、哲学の公理は、演繹を必要とする、そして、数学的証明は「ア・プリオリな直観」によってなされ、図形や記号を用いて概念を表す（このような指摘はプラトンにもある。数学者は、あまり意識しないでこれらを使っているが、哲学者は重要な意味を見出している）のに対して、哲学的証明は「言葉（思考における対象）だけによって行われる」、さらに、純粋悟性によって、概念化された数学の必然的命題は、演繹的推論によって客観的妥当性の根拠を得て、より高い「総合的原則」へと進むことが出来る、とカントは述べている（アリストテレスは、これを「可能態」から「現実態」への転化であると言う）。

数学の方法を、哲学に適用することが可能かどうかと言う問題に関して、カントは、定義を持つことが出来るのは数学だけであり、哲学には公理の名に値するものはあり得ない、したがって、哲学が数学の方法を模倣することは出来ないし、模倣しても、何の利益も期待できない、と断言している。

だがしかし、「理性認識は哲学的認識と数学的認識の二通りしかない」と、カントは言い、「すべての理性的な（ア・プリオリな）学のうちで数学だけが学習せられ得る。その理由は、認識源泉つまり教師がそこからだけ知識を汲み取ってくるところの源泉は、理性の真性な本質的原理にのみ存し、したがってまた学習者もやはり同じ知識をこの源泉以外に求めない、また学習者がこの源泉を否認することもあり得ないということである」と述べているのである。

二　数学における二つの文化（純粋性と応用性）の対立

二〇世紀の数学者G・H・ハーディはかれの著書『ある数学者の弁明』のなかで、自分がこれまでしてきたことで純粋数学以外のものに応用できると考えられるものは何もないといって、自慢している。

確率論や統計学などの所謂応用数学以外を専門とする多くの数学者は、たとえその研究する内容が情報理論や暗号化理論などに応用されようと、純粋数学者を自認しているし他人からそうよばれることを快く思っている。このような数学内部にある分離主義は、数学が生まれたころから存在した。

プラトンは、エウドクソスやアルキタスが、彼らが考案した機械を用いて行った、幾何学の例示や説明に対して、大いに憤慨し、これは幾何学の堕落であり、幾何学を台無しにするものである、と厳しく非難した、と言う話が伝えられている。

プラトンは、彼の著書『国家』のなかで、国を統治する人の学ぶべき最大のものは「善の実相である「イデア」こそそれである」と述べている。何故なら、彼らは哲学者（愛知者）でなければならず、哲学者は、「美」そのものの本性の実在を信じ、それを表面的に「思惑する」のでなく、真に理解することができるのである。そして、このような人を教育するためのプログラムとして、まず第一に、数と計算術、幾何学、そして天文学をあげている。これらを学ぶことの共通した理由を、プラトンは「目に見えない実在に関わるような学問でないかぎり、魂の視線を上に向けさせる学科としては他に何も認めることができないからである」と言う。プラトンによれば、人間は各人に「真理を知るための機能とそれによって学び知るところの器官は、はじめから魂のなかに内在している」のであって、教育とは「魂を、生成流転する世界（洞窟の暗闇の世界）から、実在および実在する最も光り輝くもの（それこそ善にほかならぬ）を見ることに転向させるための技術」である。

「数」を学ぶことは「実在の観想へと魂を導いて行くこと」であり、「国家において最も重要な任務に将来参与すべき人々に、計算の技術を学習するよう説得することは適切な処置である」、そして「生まれつき計算の才のある者は、あらゆる学問を学ぶのに鋭敏に生まれついていると言ってよいし、また遅鈍な者もこの学科によって教育され訓練されると、たとえほかに何も得るところもなかったとしても、少なくとも以前の自分よりも鋭敏になる」と述べている。

「幾何学が戦争に役立つ」と言う指摘に対して、「その種の事柄のためなら、幾何学や計算のほんのわずかな部分だけで事足りるだろう。幾何学の多くのもっと進んだ部分は、あのそもそもの目的、すなわち善の実相をみることを容易にすると言う目的に対して、何らかの点で寄与するものである」。

他方、この時代は、ディオゲネスによれば、「幾何学の勉強は、人が土地の入手や譲渡を適正に行うことができる程度にとどめるべきである」（ソクラテス）と言うような主張が存在していたようである。

しかし、ユークリッドと同時代の、そして後に、世界最初の数理科学者と言われるようになるアルキメデスの出現は、二つの文化の間の溝を少し狭めることになる。

アルキメデスは、間接証明法を駆使して、微分積分学、特に積分学への道をひらく多くの業績を残したことで知られている。そしてこの道は一七世紀のガリレオ、さらに、ニュートンに受け継がれて行くのである。

また、ガリレオと同時代のデカルトは、幾何学を機械的（代数的）に解くと言う画期的方法によって、解析幾何学を発見したことで知られている哲学者であるが、プラトンほど分離主義者ではなかったと思われる。彼は彼の著書『方法序説』のなかで、数学にたいして「これまで学問で真理を探究してきたすべての人々のうちで、何らかの証明（つまり、いくつかの確実で明証的な論拠）を見いだし得たのは数学者だけであった」と述べている。そして幾何学で用いられる演繹的推論に対する信頼を、次のように述べている。「きわめて単純で容易な、推論の長い連鎖は、幾何学者たちがつねづね用いてどんなに難しい証明も達成する。それはわたしに次のことを思い描く機会をあたえてくれた。人間が認識しうるすべてのことがらは、一つことから他のことを演繹するのに必要な順序をつねに守りさえすれば、どんなに遠く離れたものにも結局は到達できるし、どんなに隠れたものでも発見できると」。そして彼の関心は、「ゆるぎない堅固な基礎をもつ数学」の上に「もっと高い学問」を築くことであった。だから科学技術の進歩への確信から、次のように言うことが出来たのであろう。「身体ならびに精神の無数の病気、そしておそらくは老衰さえも、我々がその原因を知り、自然が提供してくれる医薬すべてについて十分な知識をもつならば、免れうる事である。わたしは、これほどに重要不可欠な学問の探求に全生涯を当てようと企て、わたしの見いだした道が、人生の短さと実験の不足とによって妨げられさえしなければ、その道をたどって間違いなくその学問が発見されるはずである」。

ガリレオにも、そしてデカルトにも、プラトンの分離主義の影は見当たらない。彼らが活躍した時代は、経験主義と合理主義がせめぎあう、所謂「科学革命」の時代であった。前節で述べたように、一八世紀の末に、哲学における経験主義と合理主義の統一を図って、カントが著した幾つかの著作のなかの一つ『純粋理性批判』において、数学は「純粋理性の輝かしい実例」として扱われ、再三にわたって特に幾何学が援用されている。ガリレオ、デカルトの時代から一九世紀のガウスの時代まで、解析学が隆盛をきわめる一方で、古代ギリシャ時代に全盛であった幾何学は、古代ローマの隆盛とともに忘れ去られていた。しかし、カントのこの著作が世に出た一七八七年から十数年経て、「爆発的とも言える幾何学の再発見」が起こる、一九世紀初頭からの約一世紀のこの期間を、数学史家ボイヤーは、「幾何学の英雄時代」と呼んでいる（この時代のなかで、非ユークリッド幾何学は少し遅れて登場したが、しばらくの間数学界からも無視されていた）。

カントにあっては、純粋理性の本来の課題は「ア・プリオリな総合的判断はどうして可能であるか」であり、ア・プリオリな総合的判断の一つの（そして唯一つの（筆者））例が数学であるから、この課題を解決するのには「純粋数学はどうして可能であるか」と言う問題に対する解答は重要であるということになるが、「かかる学が可能でければならないと言うことは、それが現実に存在していると言う事実によって証明される」のである。（なお、カントには、「純粋物理学」と言う概念もあり、それは本来の（経験的）物理学の最初に現れる諸命題によって構成されもの

と定義されている）

「幾何学は、空間の諸性質を総合的に、しかもア・プリオリに規定する学である」、そして「空間は、外的経験から抽象されて出来た経験的概念ではなく、ア・プリオリな必然的表象であって、純粋直観である」とカントは述べている。必然的で純粋直観による概念であることから、「空間は本来ただ一つしか存在しない、多くの空間と言う場合、それらはその一つの空間の単なる部分空間にすぎない」と、カントは断言した。

しかし、当時ガウスはすでに、非ユークリッド幾何学の存在に気づいていたし、数十年後には、ロバチェフスキー、ボヤイ、リーマン等によって新しい幾何学が誕生していった。非ユークリッド幾何学の誕生は、当然、ユークリッド神話の崩壊を意味するが、他方それまで互いに密接な関係にあった数学と物理学の決別をもたらした。そしてさらに、集合論の登場は数学の基礎を大きくゆさぶる危機も生じさせるが、数学を現代数学へと飛躍的進歩を遂げさせた。その結果、純粋数学と応用数学との間の溝はますます深まっていったのである。

三　文化の数学化

一九五七年に、当時のソ連が人類史上初の人工衛星スプートニクの打ち上げに成功したと言うニュースは、世界中を驚かせた。特にアメリカの受けた衝撃は甚大であった。当時の教育改革者たちは、宇宙戦争に負けた原因は、教育制度とくに数学の時代遅れの教育方法にあるとして、時の大統領ケネディに、教育制度の改革を宣言させた。そこで提案された数学教育の改革案は「基礎・基本の重視、伝統的ドリルや型にはまった単純な作業は最小限にとどめた、正しい方法による数学教育」であった。この「正しい方法」と言うのは、従来より厳しい論理・厳格さ・公理系に依存するものであった。

この方法で教えられる「新数学（ニューマス）」が、教育現場にもたらした変化の一例を挙げよう。幾何学の初等的な定理「二等辺三角形の二つの角は等しい」の証明は中学校で学習される。その証明は、三角形の頂点から底辺に垂線を引くと、二つの三角形ができる。そこで、垂線にそって折りかえすと、二つの三角形は重なり合う。したがって、二つの底角は等しい、と言うものである。証明には、いつも図が用いられる。頂点から引かれた垂線と底辺との交点は、当然、底辺の中間あたりになる。これは、この証明にとって必要不可欠な事実である。

コンピュータに幾何学の初等的な定理を証明させると言う試みが、アメリカでなされた。コンピュータに、ユークリッドの公理系と論理的推論の規則を与え、上述の二等辺三角形ABCに関する定理「辺ABと辺ACが等しいならば、角Bと角Cは等しい」を証明させた。コンピュータの解答は、プログラムを作成した人達の予想に反して、

「三角形ABCと三角形ACBは合同、したがって角Bと角Cは等しい」という驚くべきものであったが、この証明は別に目新しいものではなかった。実際、これは既に四世紀に、アレクサンドリアでユークリッドの後継者として活躍していたパッポスによって最初に与えられた。

我々が中学校で習う、始めに述べた証明は、ユークリッドの幾何学に厳密に従うならば、不完全な証明である。何故ならば、ユークリッドの公理系の中には「＊＊と＊＊の間」と言う概念は存在しないからである。したがって、この証明を完全なものにするには、新たにこの概念に関する公理（順序の公理）を付け加えなければならない。（ものを見ることが出来ない）コンピュータが、ユークリッドの公理系だけを厳格に守った結果、パッポスと同じ証明に到達したのである。

そこで、「新数学」の提唱者たちは、「順序の公理」なしで幾何学を教えるのは間違いであると考えた。その結果、この公理が教科書に入る事になった。初等教育での論理的厳密性の強調が、子供達の数学に対する見方を変えて行ったであろうと想像するのは、それほど難しい事ではない。

このような「教育改革」に対する情熱は、やがて沈静化して行ったが、二つの文化の関係は、コンピュータサイエンスと言う新しい学問が仲間入りしたことによって、いっそう複雑な様相を呈して来た。幾何学者の中から「証明は死んだ」と言う主張が表われたり、「四色予想（四色問題）の証明」などは、コンピュータが純粋数学の証明に深く係わっていることを示している。ただし、前の例もそうであるが、コンピュータが数学の問題に係わる場合、多くは帰納的な意味においてであり、その解答は近似的なものである。しかしこの「四色予想の証明」では、そこで展開されている演繹的推論のなかで、複雑で膨大な量の計算をコンピュータが担当している点が、これまでと違った論争を巻き起こした。

ある哲学者は、哲学雑誌に「もし、この四色定理を定理として受け入れるなら、我々は〃定理〃の意味の、あるいは適切には、その土台にある〃証明〃の概念の、変更に係わりあう事になる」と書いた。

多くの数学者も最初、拒否反応を示したようだが、二四年経た今日では、殆どの数学者が「コンピュータが間違う確率は、人間のそれより小さい」と言う仮説のもとで、これを受け入れているし、彼ら自身の研究生活の中で、いろいろな形でコンピュータを積極的に活用している人も増えている。

コンピュータの進化は、数学のなかに新しい分野を生み出した。しかし他方で「信じられないほどの速さで、必ずしも適切でも公正でもない、新しい数学の応用法が増え続けている」と言う「文化の数学化」現象に関する、アメリカ数理科学研究支援委員会による報告がある。数学を取り巻く環境が、大きく変化したのである。「文化の数学化」という現象は、一方で「役に立つ数学」に対する要求を高めたが、他方でプラトンが「学ぶべきもの（マテマティコス）」とみなし、またカントが「学習できる（唯一の）もの」と述べたような数学の比重を軽くするという状況を齎した。

「数学は、ただ単に近づき難いほど純粋で厳格な論理構造であるだけでなく、我々の精神作用をも含めた世界を理解するための、極めて重要で力強い道具でもあるが、数学の持つこの後者の面が殆ど失われてしまった」と、哲学者で応用数学者のロタが嘆いていたのは、一九七六年の事である。

実験科学に宿命的に存在している、理論的予測と実験結果の間の問題は、コンピュータを利用して、近似的解を必要とする広範囲の分野でも避けて通れない問題となるだろう。研究者が、ある構想のもとに得られた理論の近似解（コンピュータ計算による理論値）を、「いい近似」と考えるのは、それが実験（その実験は、常に正しく行われた考えられている）による観測値と近い値（近似的な一致）をとる場合である。この「一致」が、理論も近似の仕方も正しく得られたからなのか、それとも両者の間違いを打ち消しあった結果なのか、それを判定してくれるのは厳密な数学的証明だけである。

また、コンピュータは、その分野での新しい結果を示唆する有益な手掛かりを示し、新しいアイデアを模擬実験できるようにする事ができる。しかし、コンピュータはその実験の結果のついて、何も説明してはくれない。それの説明には、数学の力が必要なのである。

終わりに

哲学や形而上学においては、言語の語源的な意味や内的な価値が重要視されてきた。だから、哲学の定義は、「どちらかと言えば、解明と言うべきであり、哲学の公理は、演繹を必要とし、公理の名に値しない」とカントは述べた（ここでの、カントのいう演繹は、数学における演繹とは、かなり異なっている）。また、それより一世紀以上のちの時代の文学者、アナトール・フランスもまた、次のように指摘している。

「哲学者や形而上学者が、その抽象的思弁を、最高度の強さにおいて表現するために、彼らの技術によって製造する用語も、宿命的な物質性を免れる事はできない。したがって、感覚でとらえられる数学的対象と数学の言語は同じ次元に在るのに対して、精神作用によってとらえられる形而上学の対象とその言語は、同じ次元にはない」。

「人類の最高の関心事たる、理性の究極目的（神、自由、不死）に関しては、数学は哲学には及ばない」というのが、カントの結論であった。

しかし、精神の鍛錬と、洞窟の闇の世界からの魂の救済（これこそ、理性の究極目的であろう）のために、数学の学習を説いたのは、他ならぬプラトンであった。

時代が移り、二〇世紀末から今日まで、人類を取り巻く環境も大きく変わり危機的状況を呈している。この状況から抜け出すことを願って、各方面から、さまざまな提言がされている。

「環境問題を深刻化させたのは、文系と理系の間にある厚い壁である」と指摘する、哲学者加藤尚武は、「環境について、世界的合意形成が可能になるような、学問的基礎づくりのための、段取りをつけることが、現代で哲学にできる最大の課題である」そのために、「文理統合の視点を身につけた、実務的な人間を大量に生み出す必要がある」という。

「人文科学、社会科学、工学を含めた自然科学が、ゆるやかな形で統合された学問」（加藤）において用いられる言語は、何であろうか。加藤周一は、すでに「世界共通言語」として、数学をあげている。多くの情報が氾濫し、未確認なままの言語が飛び交う現代は、「哲学が数学の方法を模倣することはできないし、模倣しても何の利益も期待できない」と、カントが断言しえた時代ではなくなったと言うことであろう。しかし、このことは、カントが嘗て警告した「数学者達は、自分の方法を数学以外の領域に適応する事に確固たる自信をもち、一般の人も、彼らが、このことをやりさえすれば必ず立派な成果があげられると思っている」ことを意味しないし、カントが言う「数学者たちが、自分たちに指定された限界をこえる」ことでもない。

参考文献

1　プラトン『国家』藤沢令夫訳　岩波文庫、上・下
2　カント『純粋理性批判』篠田英雄訳　岩波文庫、上・中・下
3　カッツ・ロタ・シュワルツ『数学者の断想』竹内茂他訳　森北出版、一九九五年
4　デービス・ヘルシュ『数学的経験』柴垣和三雄他訳　森北出版、一九八七年
5　ボイヤー『数学の歴史』5　加賀美鉄雄他訳　朝倉書店、一九八六年

第2章　美的知覚の変化

美的な体験と知覚
――運動する身体についての試論――

宮崎　隆

はじめに

時代の変革とは、たんに社会制度などの改変を言うのではない。人々の生き方（modus vivendi）の変移という水準にまで達してはじめてそれは現実のものとなる。そうした生き方は、人々が共に具えている身体習慣に、日常生活における習慣的行為に現れている。それは社会的行為でもある。さらに、常日ごろ人々は当の習慣に応じて世界を知覚してもいる。日常の知覚世界は、すでに文化的な世界として習慣的行為を反映している。したがって身体習慣が変容したとき、人々の生き方も、文化的世界も変移している。本来の意味で歴史と呼ばれることになる変移である。それは新しい生き方の発生をもって始まるから、一種の生成であり創造である。しかし人々は、藝術家のように常に新たに創造し続けるわけにはゆかない。帰するところ、時代の変革期において創造された生き方は習慣化され、既存のものとして沈殿してゆく。美的な体験と知覚についてのこの試論は、人々の生き方の、それゆえ時代の創造という面に棹差している。

この試論の意図している射程はそれに留まらない。身体習慣が変容する際、歴史上は一時的な出来事だとしても、既存の身体習慣は剥脱され、本質上その基層が露になる。したがって、もし生きて生活してゆく際のわれわれの利害関心が身体習慣というかたちで沈殿しているのなら、その剥脱は私における無私無欲で自在な命——生きることそのこと——という観念の意味方向を示唆してくれるだろう。いまだ単なる方向づけにすぎないにせよ、習慣を具えた行為する身体の基層に潜む運動する身体をもって、そうした観念を考察するための足場を築きたいという願いもこの試論には込められている。

しかしこうした壮大な意図と比べるなら、このささやかな試論は限定された問題を扱う。藝術作品を鑑賞する際のことを考えてみよう。絵画や音楽を鑑賞するなかでわれわれは、日常の利害関心を離れて感動する。ある種の情動（émotion）が顕になる。情動とは増幅された心の動きにほかならない。その顕現にこそ美的体験の本質が存しているのではなかろうか。藝術作品を鑑賞する際に感得される美的体験のその成り立つ仕方について、日常における知覚との対比をとおして少し考えてみたい。この試みによって、身体習慣が変容しうるための条件の一つを、行為する身体の基層へと向かっていささかなりとも掘り下げることができるだろう。

問題の所在をもう少し明確にしておこう。美的対象たる藝術作品は知覚される。絵画は見え、音楽は聴こえる。さらに絵画は聴こえもするし、音楽は見えもする。藝術作品も美的世界も知覚世界の背後に存するわけではない。だからといって藝術作品が日常的な知覚対象の一つだというわけでもない。問題はむしろ知覚なるものの捉え方にある。なるほど常日ごろ知覚されるのは馴染み深いありきたりの物であるのに対して、藝術作品は何らかの新しさを具えている。あるいは―結局は同じことだが―日常において知覚対象となっている物をわれわれはいつでも使用しうるのに対して藝術作品は、われわれ素人には自らの手で取り扱うことができない。しかし藝術作品も知覚される以上、両者は同じ基盤の上に立っていることだろう。ただし美的対象が非日常的な知覚対象だとしても、かならずしもその逆は成り立たない。非日常的なものがかならずしも美的感情を喚起するわけではない。かくしてわれわれには以下の二つの問題が課せられる。第一に、日常的な知覚と美的な知覚との異同を、その基盤に立ち戻って探ること。第二に、その基盤から、藝術作品が美的な知覚対象として成立する仕組みを解明すること。この二つである。そのためにまずベルクソン思想を参照しつつ、日常的な知覚の特徴を検討する。その際、知覚作用の基盤に身体の運動能力が見出されるだろう。行為能力の基層には運動能力が潜んでいる。メルロ＝ポンティの主張するような知覚する身体は、だから運動する身体の派生物にすぎない（参考文献4）。

次いでミシェル・アンリの抽象絵画論を中心に、日常的な知覚と対比しつつ、藝術の表現する内容と方法とを考察する。最後に、いかにして藝術作品が成立するのかを問うことによって、同時に美的世界の開かれる仕方について少し考えてみたい。この二種の知覚対象はともに運動する身体の対象でありながら、それを使用しうるという可能性の有無に相違点が見出されるだろう。

一　日常的知覚と行為

日常的な知覚の特徴を三つ取り出しておこう。第一に日常の知覚対象は何よりもまず、具体的なしかじかの物として存立する。それは当該の類を意味していると同時に個別性を具えている。第二に知覚対象たる物が〈そこ〉に存立するのに対して、私は〈ここ〉に居る。第三に日常の〈そこ〉とはその本源たる〈将来〉という時間の空間的な表現である。

第一の点について。眼の前に在る上部に穴の空いた円筒形の磁器製品を例に取ろう。注意を払わずに上の空で知覚する際、われわれにはそれは湯呑に見える。今ここからは湯呑の反対側は見えないのに、われわれはその様子を知っている。たとえば反対側も空洞になっておらず丸みを帯びている、と。空洞になっていれば驚きが生じるだろう。驚くのはわれわれの予測が裏切られたからであり、そのように予測するのは、われわれが湯呑についての知を既に具えているがゆえである。日常の知覚には、或る角度からは見えない眺めまでもが既に包摂されている。しかしだからといってわれわれがそれを湯呑として知覚するのは、眺め回すことによって、あるいはたんに眼差しの運動をもってではない。そうした眺めを統合することによってではない。そもそも当の知覚対象は《それ》と呼びうるような個別的な物だと知っていなければ、そうした統合は不可能である。しかし湯呑の個別性を知るのは簡単なことである。実際にそれを机から引き離し、手に取ってみればよい。湯呑は机の足とは違って、机の一部ではないとわかる。飲むという動作が、それだけでもう知覚対象の個別性を教えてくれる。いや当の動作を実際に行わずとも、飲む習慣を獲得した身体によって当の行為ができるというだけで、知覚対象は個別的な物だとわかる。湯呑はその習慣的な動作に適合するからである。《それ》は軽く丸めた手の型にうまく嵌まり込む。個別的な物という知は、何よりもまず行為しうる身体が具えている知なのである。

してみると、行為しうる身体はそれ以上の知を具えている。飲むという行為を成就しうるわれわれの手は、いわば雄ネジに対する雌ネジのように、知覚対象が【湯呑】であることをも知っている。われわれは、そこの湯呑を取ってくれと言いつつ飲む仕草をすることがある。日常において、そうした手の動きはいずれの湯呑にも対応する。したがってその動きは、この湯呑をあの湯呑と区別することなく、湯呑を類として捉えている。当の手の型にうまく嵌まり込む物はいずれも【湯呑】と認められる。落語家の扇子も【箸】でありうる。帰するところ、それを使用するわれわれの手にとって、それはしかじかの物として—この「として」ということを示すべく【 】を用いたわけだが—存立し、たとえば【机】と区別された【湯呑】なる意味内容を具えている。すなわち、「〜として」という点において他の物と区別されている以上、そうした知覚的な意味内容は同時に、《それ》と呼びうるような個別性も含意している。【湯呑】はその意味を表す実用的な記号であり、「湯呑」という言葉や文字と同じ機能を果たしている。かくして、知覚対象がしかじかの物たるのは、何よりもまず、しかじかの行為習慣を獲得した身体の、行為能力を具えた身体の知においてであり、そうした身体が知覚という認識を掌っているのである。日常的な知覚対象は行為的な知の相関者であり、「〜できる」というわれわれの行為能力を、可能的行為を雄ネジのごとくに反映している。

第二点について。湯呑は〈そこ〉——眼の前——に在る。日常的な知覚空間は、様々な物の存立する場であり、諸々の〈そこ〉から成る。では行為する私や私の身体、私の行為はどこに存するのか。もし仮に私の行為も知覚空間内に存立するなら、それは私の行為的な知の相関者となる。そのために私は、自らの身体から離れて横手に回りこみ、当の行為と湯呑とを並置して知覚しなければならない。行為能力を具えた身体が知覚を掌っているというのに、である。私が刺戟を受けて反応するなり、判断するなりして湯呑に手を伸ばしているなどという言い回しも、私と知覚対象との並置関係を表している。その際の私とは知覚対象の一つたる【私】であり、三人称の代名詞で受けられるような自我（le moi）にすぎない。なるほど、われわれには自らの身体を知覚することができる。たとえば、私は湯呑を取ろうとしている自分の右手に左手で触れることはできる。しかしその際に問題となるのは、あくまでも触れているほうの左手の在り処であり、触れている手と触れられている手とは可換ではない。かくして、行為そのものは原理上、知覚対象にはならず、行為の存する場を知覚対象の存立する場たる〈そこ〉に定位させることはできない。私の居る場たる〈ここ〉についても同様である。〈ここ〉は知覚空間の中にはない。

しかし事態はこの場合も簡単ではないだろうか。飲むという私の行為は、湯呑を握る手の型だけではなく、〈ここ〉から〈そこ〉の湯呑に達するという運動をも合わせ持っている。手を伸ばして湯呑を握り口元へ動かすという一連の運動である。〈ここ〉から〈そこ〉の湯呑までどれくらいの隔たりが存するか考えてみよう。五〇センチの距離だろうか。しかし計測されうる距離というものは、たとえば眼の前の湯呑と茶碗との並置関係を表しているのであって、私から湯呑までの隔たりではない。その隔たりは、むしろ一連の運動によって埋められるはずである。ここから戸口までは三歩の隔たりがある。教室において、同じだけの力を込めて肺を絞り、同じ大きさの声で語りかけうるA君とB君に対して私は同じだけ隔たっており、横から見てA君はB君の二倍の距離に居るからといって、A君の顔がB君の顔の半分の大きさに知覚されたりなどしない。〈ここ〉から〈そこ〉までの隔たりは、身体の運動と無関係に存在するのではなく、一連の運動に応じており、それによって埋められうる。だから日常の知覚空間は、近代科学の発祥を印す幾何学的な等質空間ではなく、その中心たる〈ここ〉からの隔たりの遠近を具えているのである。

第三点についてはベルクソンから発想を借りよう。そうした隔たりは、それを埋めるべき一連の運動が成就される時間を表している。知覚対象は可能的行為の反映であるという場合の「可能的」とは、今から成就しうるという〈将来〉を必要条件としている。そして〈将来〉は、「できる」ということとそのこと——身体の運動能力そのもの、動きうるという力量——に対応する。つまり「〜できる」という習慣的な既存の行為能力の基層には、運動を展開「できる」という将来へ向かう運動能力が潜んでいる。〈そこ〉に知覚される湯呑とは、私が将に手に取ろうとしている物なのであり、〈そこ〉とは、行為の成就される場のこと、成就される行為が将に来たらんとしている（à venir）場——〈将来（avenir）〉——の表現なのである。ただしそうした場である以上、日常の〈そこ〉は当の行為のための支点として固定されている。このようにして日常の知覚世界は、遠近を具えた知覚空間において、既存の身体習慣から成る可能的行為の体系と噛み合う世界として現出する。棲み慣れた馴染み深い実践的な世界である。そこにおいてわれわれは、日常的な物を信頼しつつ、利害関心に応じて順序立てて使用し、そうやって生きて生活してゆくことができる。諸物の意味は、生きて生活してゆくという目的にかなった意味連関—それぞれの文化はこうした意味連関の特殊事例である—に絡み取られている。

それだけではない。〈将来〉は私の居る場たる〈ここ〉において早くももう先取りされている。運動能力は本源的には〈ここ〉に在る。しかじかの行為を将に展開しようとわれわれは〈ここ〉において身構えているのである。動く力量を自らの基層に潜ませている身体のその身構えにおいて、〈今〉は〈将来〉を宿している。〈ここ〉には時間の厚みが在る。したがって〈将来〉は二種に区別される。飲むという行為が成就される際、たしかに〈そこ〉において手の運動は物と一つになる。したがって〈将来〉は〈そこ〉に存していたことになる。逆に行為が成就されてしまわないうちに、われわれは飲む仕草を実際にしているわけではない。飲む瞬間の形姿を取っているわけではない。しかし、雄ネジは雌ネジそのものにおいて知られてもいる。われわれが湯呑を〈そこ〉に知覚するのは、〈ここ〉において飲む身構えが出来ているからである。たとえばシュートをしようとして立ち足を踏み込んだ身構えにおいて、その形姿がキックの瞬間の形姿でないとしても、サッカーボールはもうゴールに吸い込まれている。あるいは幼少の頃に覚えた歌を口ずさむ際、もし途中でそれを止めるなら、まだ終わっていないとわかる。歌っている身体がさらに続けようとするからである。一連の運動は始められるやもう自動的に最後まで成就しきろうとする。終着点の動きは出発点の身構えのなかに宿っている。運動を展開する能力のおかげで、身構えにおいて〈将来〉は先取りされている。日常の〈そこ〉が表現しているのはそうした〈将来〉なのであり、〈そこ〉との隔たりは、〈ここ〉において運動を展開せんとする身体のその運動能力において、かつ、その能力によって開かれる（それがまさしく運動能力たりうる条件については今は措く）。それゆえ、知覚空間が既に在って、そこに対象が存立するのではない。運動能力が知覚作用の基盤を構成しており、日常の知覚世界は初源的には、こうした隔たりを介して現出するということとそのことによって規定される。

だが議論は第二の点に戻る。そもそも身構えが〈ここ〉に在るなどという主張がどうしてできるのか。ベルクソンが『物質と記憶』の冒頭で高らかに宣言したように、われわれには二種の知があるからである。知覚が対象を外側から認識する仕方であるのに対して、自らの身体を内側から無媒介に認識する仕方がある。自らの身体は情感において体感的に感得される。体感とは〈ここ〉における知である。ところで、〈ここ〉に在るかぎり私の身体は知覚されえないのであった。隔たりのゆえに知覚の外部性がもたらされるからである。逆に体感において身体は、知覚世界を開いている働きのさなか、隔たりを一切介さずに内面的に知られている。われわれは自らの身構えをそれとして体感しているわけである。体感とは筋肉感覚のことではない。筋肉感覚はむしろ知覚の一種である。〈ここ〉における身構えが将に生まれんとしている行為である以上、体感は将に生まれんとしている筋肉感覚である。習い覚えた歌を口ずさむ際、次に来たるであろう口の形を、肺や喉の絞り方をわれわれは体感的に知っている。歌詞は早くももう喉元で知られている。体感は口や肺や喉の筋肉感覚に将にならんとしている。われわれはその際、〈ここ〉において自らの内面の声を体感的に聴いているのである。発想を逆転しなくてはなるまい。一方で、身構えが無媒介に体感されて〈ここ〉に在るからこそ、知覚対象は〈そこ〉に存立する。〈そこ〉が運動する身体のおかげで開かれる以上、〈ここ〉のほうが本源的である。デカルトの懐疑を応用するなら、日常の〈そこ〉をめぐる疑いは可能でも、〈ここ〉に身構えの在ることは疑いえない。

他方で、知覚対象の存立する場が〈そこ〉であるのに対して、体感の在り処が〈ここ〉なのである。私の身体が既に在って、それを内側から知るのではない。身構えの体感されている場が、その無媒介性のゆえに本質上いつでも〈ここ〉なのである。それだけではない。ほかならぬ〈ここ〉において、身構えとその体感とは一致する。隔たりの不在は両者が同一の存在であることの証となっているわけだが、内容上も一致する。「〜できる」という行為能力は、同時にその能力についての知でもあるのだから。両者の相違は、当の知―身構えの情感的な知と知覚対象についての行為的な知―のその知り方の違いに存している。

二　藝術の表現内容と方法

ミシェル・アンリの抽象絵画論を参考に、日常的な知覚と対比しつつ藝術について少し考察してみよう。カンディンスキーの絵画論を分析しつつアンリが主張するところでは、表現すべき内容（目的）においても、表現方法（手段）においても「内面」が抽象絵画の主題であり、それゆえに抽象絵画の原理はあらゆる絵画の、さらにはあらゆる種類の藝術の原理でもある。

抽象絵画は具象絵画に対立する。アンリによれば、ピカソにせよ、モンドリアンやマレーヴィチにせよ、実は具象藝術家である。俗に「抽象絵画」と言われるのは、日常的な知覚対象を何らかの方式で抽象化して表現したものにすぎない。たとえばキュビズムは物の境界線を誇張したり、物において統合されている様々な眺めを平面的な画布の上に同時に描いたりするが、その準拠先は相変わらず日常的な知覚空間内に存立する具体的な物である。実際、そうした物は何よりもまずわれわれの外部に存立し、そして外部性は、隔たりを介して現れるという日常的な知覚世界の現出様態によって規定される。それゆえ知覚対象を幾何学的に抽象化したとて、こうした現出様態に依拠するかぎり、外部を表現していることに変わりはない。あくまでも日常的な知覚世界に基づいたそれの幾何学であり、三百年遅れてきたデカルト科学にすぎない。具象絵画は日常的な知覚世界に準拠しており、その実践的な性格を免れない。したがって一方で内容上、具象絵画が表現しているのは物に充たされた知覚世界であるか、あるいは馴染みの情景のうちに挿入された異質な文脈、別の日常的な知覚世界であるかのどちらかである。さもなければシュールレアリズムにしばしば見られるように、或る物を日常の使用目的から切り離して大仰に見せ掛けるだけで、実は表現すべき内容を持たない。他方で具象絵画の用いる表現手段も、ギリシア以来の藝術の定義たる模倣である。模倣とは少なくとも二度目を意味する。具象絵画は、既に存する物を二重化して再‐現（re-présenter）しているのである。具象絵画は日常的な物の既存性に、それゆえ身体習慣に依拠している。

アンリによればこれに対して、内面性とは無媒介の現出様態のことであり、情感＝触発である。本来の抽象絵画は内容上、情感を表現する。情感とはわれわれが自らを無媒介に感受することであり、その際に自らを受け取る苦しみからその喜びへと果つることなく戯れ、生成することにほかならない。内面において結ばれている関係そのものである。それゆえ内面を表現しているかぎり、今度は俗に言う「具象絵画」も抽象絵画なる真正の藝術たりうる。この意味で抽象絵画の原理はあらゆる絵画の原理なのである。絵画は文化や歴史の中で評価されるべきではない。われわれの考察に引き寄せて言うなら、絵画の目的は〈ここ〉において密かに感得されている情感的な体感を表現し、増幅することにある。「密かに」というのは、常日ごろわれわれは〈ここ〉を知覚世界の一部とみなしてしまうほど物を使用することにかまけており、自らの本源を忘却しているからである。真正の藝術はこうした忘却からわれわれを呼び覚ます。「抽象（abstrait）」というのは、日常的な知覚対象たる物の形を略したり一般化したりすることではなく、日常的な知覚世界そのものを捨象（abstraire）することなのである。本来の抽象とはデカルトの懐疑に等しい。

体感が情感的なのは、その受動性のゆえである。『情念論』におけるデカルトの定義を借用するなら、情念（passion）とは心の受動（passion）である。ただし心とは何かあるものではなく、そうした受容作用のことだとわれわれは考えよう。実際、〈ここ〉における身構えは知覚空間内に存立する知覚対象ではないのであった。知覚がわれわれの側の能動性を条件として成立するのに対して、体感は受動である。なるほど、われわれは自分勝手に日常的な知覚世界を作っているわけではない。知覚対象の有無も、その内容も、さらには〈そこ〉までの隔たりも、われわれには自由に変更できないのが常である。湯呑は湯呑に見える。われわれはむしろ、身体習慣の自動性に応じて知覚してしまっている。しかし湯呑を知覚する際、反対側も丸みを帯びていると予測されるのであった。こうした「予測」はすでにわれわれの側の能動性を含んでいる。日常における「〜として」という意味は、われわれが自らの行為能力に応じて付与しているのであり、その際に知覚世界を開いているのが、身体の側の能動性なのである。これに対して、体感の受動性においては隔たりは開きようがない。体感はいかんともしえない。自己から逃れえないことにわれわれの苦しみが在る。われわれは自らの身構えを感得せざるをえない。純粋な受動性である。ただし〈ここ〉における情感—情動—は、純粋に受動的でありながらも、内面において身体運動を促すという効力を有している。情感が心の動揺たる所以である。羊にとって牧草の緑や香りは行為を促すだろう。われわれにあっても、内面における情感たる色や香りは行為への呼びかけである。それは痛みという情感的な感覚が証すところでもある。痛みそのものは、知覚空間内の身体部位に存するのではなく、〈ここ〉において欲望という情念を生み出し、われわれを痛みの回避へ向かわしめる。情動の力に身体が呼応する。

しかしながら、抽象絵画が内容上〈ここ〉における情感の表現を目的としているなら、いったいいかなる表現方法がありうるのだろうか。というのも絵画は知覚される必要があるからである。絵画にせよ、音楽にせよ、藝術家の単なる想念に終わるわけにはゆかない。表現されるべき内容は藝術作品たらねばならない。そのために絵画は画布や絵の具を、音楽は音を必要とする。物質的な素材なしに藝術は成立しない。問題点は二つある。第一はそうした物質性を具えて〈そこ〉に在る素材の、なかんずく画布の役割であり、第二は作品の位置である。

第一の問題。具象絵画が知覚世界を表現する際、画布という物質は中立的な物とみなされ何の力も帯びていない。これに対してカンディンスキーにおいて画布は、点や線や面、色などとともに絵画を構成する要素の一つである。たとえば横長の画布は、地面に対応する水平線のおかげで、冷たい感じを醸し出す。さらに画布の下方は重さを顕す。画布を縁取る下方の水平線は、重さのせいで束縛感を示す。画布そのものが、地上で行う努力において知られる重さや束縛感を、われわれの内面の感情を表現しているのであり、画布は素より等質的な空間ではない。おそらく偉大な画家たちは、自ら気づくことがなくとも、描くべき主題に合わせて画布の形や大きさを選んでいた。選ばれるべき画布は主題に応じて必然的に決定されていたのである。この点は他の諸要素について同様である。抽象絵画はでたらめに描かれたものではなく、それぞれの主題に応じて、別様たりえないという必然性を持つ。それは個々の文化を超えた普遍的な必然性でもある。既存の知覚世界から解放されて自由となった抽象絵画は、同時に「内面の必然性」に服する。

しかしそれだけなら、画布を表現媒体の一つに昇格させたにすぎない。そもそも絵画が内面を表現しているのなら、それは内面の再-現ではないのか。それなら〈ここ〉における情感を二重化して〈そこ〉に作品として提示するだけのことであろう。そうなるとさらに、情感が知覚世界の一部に格下げされてしまうだろう。それともヘーゲル流の考え方で、不確定な内面が外部の物となることで初めて認識されるとでもいうのだろうか。しかしそうなると今度は、何が表現されているのかが原理上、理解不能となるだろう。第二に、作品の位置が問題になる。

アンリによれば、驚くべきことに抽象絵画においては事態は逆である。帰するところ作品は内面のものなのである。だがそれは定義上不可能ではなかったのか。三つの段階に分けて考えてみよう。

第一段階。絵画はわれわれの内面の情感を喚起する。だから絵画は力を有する。日常的な知覚世界から解放されるなら、内面において何が顕になってくるか。文字や言葉を日常の用法から引き離してみよう。「。」を文章の通常の位置からずらしたり、大きさを変えたりしてみるならわれわれは違和感を覚えるだろう。間違いが生じていると感じる。そう感じるのは、まだ日常的な

【。】の用法に、その実用的な意味に準拠しているからである。カンディンスキーによれば、場所を動かしてそれを点にまで圧縮するなら、点は単独でたとえば「最高度の簡潔さ」といった感をわれわれに抱かせる。逆に円という面にまで拡大するなら、自らの中心へ向かう力といった感情が、そうした情感的な調性がわれわれの内面において喚起され覚醒する。したがって抽象絵画が情感を描くといっても、それを再‐現して作品に翻訳しているのではない。しかしこの第一段階において明らかになったのは、いまだ内面と作品との並行関係にすぎない。

第二段階。絵画の表現内容の本体はわれわれの内面の情感に存する。日常的な知覚世界を捨象するなら、そもそも抽象絵画の諸要素はいかにして成立するのだろうか。重さを再び例に取ろう。重さそのものは物ではないし、重い物の内にもない。日常的な知覚空間の中にはない。重さをそれたらしめている重さの本体は、むしろ〈ここ〉に在る。努力の、あるいは抵抗の感情である。もし努力して物を持ち上げたことがなければ、重さの概念はわれわれに理解不能だろう。してみると、内面の情感の表現という抽象絵画の目的は、われわれが自らの内面において味わっている情感なしには達成されえない。抽象絵画は情感をたんに喚起するのではなく、絵画そのものの成立において内面の情感を必要としている。この点は他の要素についても同様であり、色や面の本体を構成しているのは鑑賞者が自らの内面で感得する情感にほかならない。情感が絵画の要素を在らしめているのである。したがって、絵画は鑑賞されるその都度、藝術と成る。絵画も音楽と同様の刹那性を有しており、絵画が藝術たるには、鑑賞者の参与が必要なのである。絵画は既存のものではない。しかしそうなると、藝術作品は〈ここ〉に在って、〈そこ〉には存在しないのだろうか。第三段階として、藝術作品の成立に対するわれわれの参与の仕方が問われなくてはならない。

三　美的体験と身体の運動性

抽象絵画の青を見る際われわれは自らの内面において冷たい感じを得る。青は、自らの中心へ向かう円と同様、鑑賞者から遠ざかる運動をも含んでいるからである。絵画は運動性をも表現している。さらに、たとえば重さを味わう際の努力の感情は身構えにおける運動の努力と一致するがゆえに、絵画を鑑賞しつつ内面の情感を味わう際、われわれの内面では身構えも喚起されている。抽象絵画の諸要素には、運動する力量を具えた身体も呼応する。では、鑑賞者の〈ここ〉における身構えは、〈そこ〉における絵画の運動性の成立に対していかなる関係にあるのだろうか。第三段階の問いに答えるべく、藝術における運動性の問題を少し掘り下げてみよう。

今度は、目に見える音楽とも言うべきバレエを例に取ろう。バレエにおいてわれわれは何を見ているのか。運動している舞踏家ではない。いわんやバレエの描写する具象的な物でもない。舞踏家の運動そのもの—運動性—である。ベルクソンに倣って、運動する物や人といった運動体と運動性とを区別しなくてはならない。知覚空間内に運動曲線を想い描いてもならない。そうなると、その曲線上の原点が現在とみなされ、舞踏家の将来の運動は原点の右側に既に存在していることになってしまうだろう。舞踏家の運動性とは、〈今〉における〈将来〉への身構えである。舞踏家の運動性の具えている〈そこ〉における時間の厚みをわれわれは見ているのである。どのようにしてか。舞踏家において〈今〉早くももう次に来たるべき運動は準備されている。舞踏家は、その都度〈今〉の身構えにおいて運動を先取りしている。われわれ鑑賞者は、だから舞踏家において将に来たらんとしている運動を予測することができる。さらに、そうした運動性が具えているリズムの規則性のおかげで、鑑賞者の側でも舞踏家の動きに合わせた運動が喚起される。それどころか、ついには舞踏家に対して、指揮者よろしく操り人形を操作するかのごとくに手を動かし身体で拍子を取る。このとき、同じリズムの下で、両者の間にベルクソンの言う「身体的共感」が生じている。われわれはもはや当のバレエを別様に見ることができない。バレエはその際「内面の必然性」を具えている。事態は逆転し、〈将来〉はリズムの必然性のなかで〈ここ〉において将に来たらんとしている。われわれの身体は日常的な身構えを剥脱され、舞踏家と同じリズムを展開すべく同じ身構えを取っているのである。したがって、われわれが〈そこ〉で為されているバレエに見ているのは、自らの運動性でもある。

そうした運動性はそれぞれ独特の響きを有する。運動は全体として一つの調性を、一つの色合いを形成している。身構えにおける時間の厚みとは、〈今〉が〈将来〉を宿していることであった。リズムを具えたそうした時間の厚みは、音楽の一つのフレーズのような色合いを帯びている。フレーズ内の音を一つ置き換えてみるなら、全体として別のフレーズになる。逆に或る音は——休止も含めて——フレーズ全体においておいて生かされる。一つ一つの音はフレーズ全体の色合いに染まっている。リズムを具えた身構えにおいては部分が潜勢的に全体を含んでいる。ところで、身構えとその体感とは一致するから、その際われわれの内面の情感は、そうした運動の、リズムの響きを得ている。それは身体のリズムであると同時に、体感のリズム、情動のリズムでもある。われわれは自らの内面の身体運動において或る独特の響きを、ちょうどわれわれが発話する際に内面の声を聴くのと同じように聴くのである。ここから、対位法を理解することもできるだろう。それはカンディンスキーで言えば、様々な要素のコンポジションに該当する。コンポジションによって絵画という作品全体が決定されるのである。抽象絵画の要素はそれぞれ、その運動性のゆえに時間の厚みを具えており、たとえば円と青という同じ調性を有する絵画の要素の組み合わせ—『円による構成』—は互いに影響し合って、その運動性と情感はさらに強調されるだろう。バレエや絵画など、各々の藝術の用いる表現媒体は異なっていても、それぞれの藝術は運動性を具えているがゆえに、それぞれの響きを情感的に聴かせてくれるがゆえに藝術となる。

絵画も聴こえる。

ではどうして運動体なしに運動性だけが〈そこ〉に見え、聴こえるのか。「身体的共感」といっても、われわれには舞踏家のように踊ることはできない。舞踏家と同じ体感のリズムを刻み、同じ身構えを取りながらも、自分には成就できない運動である。自ら運動体となることはできない。それでいてしかも、本源においてそうした身構えそれ自体は情動的に体感されている。してみるとまた、われわれ鑑賞者の〈ここ〉においては、「〜できる」が否定されているにもかかわらず、「できる」という身構えが在ることになる。あるいはむしろ、行為能力が否定され剥脱されているがゆえに、その基層に在る運動能力が抽象的な運動性として露になっている。行為能力たりえず、成就されもしない身体の運動能力そのものである。そもそも舞踏家個人と同じ運動や情感を獲得したとて、美的体験にはならないだろう。

「身体的共感」の有無を別にすれば、われわれは同様の事態に遭遇することがある。情動の力を感得しつつも、対処すべき物が見出せない場合などである。いったい何が悲しいのかわからずに悲しく、何に喜びを感じているのかわからないのに嬉しいことがある。その際、情感の呼びかけに、その力に身体が高揚しつつも、為すべき行為は不明である。身構えにおいて運動を成就しようとする方向性だけが在る。藝術を鑑賞する場合も、藝術作品の呼びかけに対して「できる」という力量を具えた身体が答える。色を例に取るなら、日常的な知覚においては、色はしかじかの物として利用される。ファイルを色で区別しているなら、青い色は或る書類に辿り着くための目印である。それはわれわれの為すべき行為を指示しており、青そのものではなく、「～として」という意味を具えている。だから、【青い】ファイルは【赤い】ファイルと交換可能である。これに対して、抽象絵画の青い円は冷たさの運動性を具えているのであったが、われわれにはそれの指示する行為を見出すことはできない。

以上から幾つかのことが理解できる。日常的な知覚対象は《それ》という個別性を具えて〈そこ〉に存立する物であるのに対して、美的な知覚対象は、原理的に言えばリズムを具えた運動性そのものである。馴染み深い諸物で充たされている日常的な知覚世界は、身体習慣に応じる物の意味連関を具えているのに対して、美的な世界は運動性とその体感のみからなる。藝術作品はその様々な組み合わせなのであり、その響きは鑑賞する都度発生するフレーズに独特であって、日常的な物のように既存の類的な記号ではない。さらに藝術的創造の秘密も垣間見ることができる。画家とて、おそらく作品を産み出そうとしているさなか、まだその作品のことを知らないだろう。しかし産出してみればこれだったと判る。「これだった」と言いうるなら、すでに知っていたのである。なるほどそれは漠たる知であろう。しかし漠たる知覚ではありえない。もし知覚であるなら、たとえば素描と呼ばれる作品となるであろう。素描とは、内容の漠然とした明確な知覚対象でしかない。しかるに、この漠たる知は或る特定の作品へと結実しうるような独特のものである。したがって、未知なる作品を産み出しているさなか藝術家は、知覚とは別種の知り方で自ら産出することになる作品を知っているのである。アンリも言うように、真正の画家は、紙の上を自由に動くことのできるその手の力量において、自由な筋を創出する能力を感得している。藝術家も創造するなか、運動することの「できる」力量を感得しておりながら、自ら運動体となるに到っていない。線を産み出すその力量を体感しつつも、まだためらいがある。藝術家たるか否かを問わず、われわれの身体には自分でも予見しえない線を描く力量が具わっており、藝術家もその力量を用いているのである。

しかし理解すべき重要な点はほかにある。われわれは藝術作品を鑑賞する際、〈そこ〉において自らの時間の厚みを知覚しているのであった。なるほど、日常的な知覚空間の〈そこ〉は物の存立する場であり、運動性は物でない。しかし〈そこ〉は〈今〉に宿る〈将来〉の表現であり、「できる」という運動能力が〈そこ〉を開くのであった。常日ごろ〈そこ〉に知覚されている物が「～できる」という身体の行為能力の反映であるなら、藝術作品が運動する力量を具えた身体の〈そこ〉における反映であっても不思議はない。そもそも、行為能力のそうした反映は運動する身体のおかげで成立するのだから。藝術鑑賞に際しても、日常的な知覚作用の基盤に潜む身体の運動能力そのものは否定されていない。常日ごろわれわれは、生きて生活してゆくという目的に従属しているため、利害関心に応じて物を使用することにかまけており、行為の基層に脈打っている運動のその運動性を隠蔽してしまっている。隠蔽されているのは、生きて生活してゆくことの本源に在る生きることそのことでもある。ただし、そうした目的から解放されたとき、運動体が消滅したとき、カンディンスキーが表明したような、絵画のなかを動いているという印象をもつことができる。かくしてその際、身体は二重の働きをしている。一方で、運動能力を具えた身体が〈そこ〉を開く。〈ここ〉における身構えは、行為の目的なしに、自らを展開せんとする方向性だけを具えており、その方向性をもって〈そこ〉が立ち現れる。しかも、当の方向性はリズムの必然性のなかで、〈今〉に宿る〈将来〉の将に来たらんとすることそのことによって規定される。そうした運動性こそが運動体を欠いた〈そこ〉それ自身の本体なのであり、〈そこ〉はもはや行為のための固定された支点ではない。他方で、そのようにして開かれた〈そこ〉に自らの運動性が独特の響きを伴って知覚される。つまり、身構えにおける時間の厚みは、自らのリズムを刻むと同時に、自らの開いた〈そこ〉それ自体として現出して〈そこ〉を充たし、藝術作品の運動性となって展開される。そのようにして美的世界――日常の知覚世界の基層に存する世界――は開かれる。藝術作品を鑑賞するなかで美的体験が感得される際、われわれは「できる」という力量を具えた身体をもって当の作品の成立に参与しているのである。藝術作品の運動性の本体たる〈将来〉は、〈ここ〉に在って、体感されている当の運動能力がその都度、藝術作品を〈そこ〉に在らしめている。情感的に知られている身構えがなければ、色も面も在りえない。藝術作品、それは生きて生活してゆくという目的から解放された運動性であり、その情感である。

参考文献

1　ベルクソン『物質と記憶』、『時間と自由』、「知的な努力」(『精神のエネルギー』所収)
2　ミシェル・アンリ『見えないものを見る』青木研二訳、一九九九年、『身体の哲学と現象学』中敬夫訳、二〇〇〇年、『精神分析の系譜』山形・上野・宮崎他訳、一九九三年、いずれも法政大学出版局
3　『カンディンスキー著作集』、美術出版社、二〇〇〇年
4　山形頼洋「ミシェル・アンリ、運動としての身体」(『フッサールを学ぶ人のために』世界思想社、二〇〇〇年)

複製技術時代の知覚
―ことばと映像の境界に立つチャップリンとカフカ―

根本　萠騰子

二〇世紀は機械文明と戦争の時代であった。人類は機械文明の粋を尽くして悲惨な戦争をした。しかし機械文明は同時にあるいはそれ以上に、人類にとって文化的に新たな地平を開いたのである。

技術はさまざまな形でわれわれの生活に取り入れられたが、それはどのように行われたのだろうか？　機械技術を使用した新たな文化はどのように芸術を変えていったのであろうか？　人は物を生産するときと同じように機械をただ利用しただけであろうか？　こと文化に関しては機械文明を単なる利用でなくて、機械文明によって人間がどのように創造的に文化に関わることになったかが問われなければならない。人間が機械を使うという一方交通でなく、機械を使うことによって人間の知覚する能力がどのように変わったかも同時に考察されなければならない。

文化にとってめざましい進歩は複製技術の発明である。たった一枚しか存在しない絵画に代わって無数に複製可能な技術が発明された。それは写真の発明である。写真技術に始まる映像メディアによってそれまでの書物、新聞等の文字文化が相対化された。写真の発明から現代のメディア文化の歴史が始まる。メディアの発達により文化は変容するが、しかし、旧いメディアは消え去ったのではなく、変容して新しい形をとった。例えば絵画は情報伝達・複製技術において写真にかなわないが、色彩と形において特殊化することにより、キュビズム等で存続し続けた。

写真から映画へという技術的発達の線が引けることは明らかである。しかしメディアは複合的に発達していく。文字文化が終わり映像文化へ移行したことをノルベルト・ボルツは「グーテンベルク銀河系の終焉」と断定した。しかしそれは現象的なとらえ方である。

人間が文化・技術と共存していく過程は、人間の知覚が新しい技術に慣れていく過程である。複製技術の時代に人間の知覚がどう変わっていくかをはじめて考察したのは思想家ヴァルター・ベンヤミンであった。彼は写真が発明されたことにより、その受容者である大衆文化に何が起こったかという問題を初めて提出した。

人はある現象を認識するとき、必ず言語化して捉える。眼に映ったものは各人がもつ認知の枠と調整されて受容されるが、「これは何だ?」と初めての事象を見るとき、必ず言語化したものとして把握される。従って説明のつかないものは、正体不明の不愉快なイメージのまま残る。言語の体系が文化全体を支配することを指摘したのはロラン・バルトであるが、二〇世紀の社会と文化を考えるとき、文化全体を支配している言語の問題を抜きにして考えることはできない。つまり、メディア文化を考察するには、「ことば」の別のありようとしての新しい文化（映像文化）、あるいはことばと映像とのかかわりを考えることが課題となる。

ことばが単なる伝達の手段となり、映像の中の一要素であると見なされる前に、ことばと映像のこの境界に立っていたのは、俳優チャップリンと小説家カフカである。チャップリンは無声映画にこだわり、ことばのない身ぶりを演じつつ撮りつづけ、カフカはことばがある確定的表現（定言）であることに抗って、「形象」（Bild）を用いて小説を書いた。

演出家にして俳優のチャールズ・チャップリンの八一本の映画のうち七六本は無声映画である。しかも彼はトーキーが出現してからも約一〇年間にわたってサイレント映画を撮り続けた。チャップリンはなぜサイレント映画に固執したのだろうか？　トーキーによる音声言語では真理を捉えることができないのではないか、という疑問がチャップリンにあったのではないだろうか。

フランツ・カフカの散文は作者の主張を伝えるものではない。彼の関心は、ものごとを独特の形象をもって表現することであって、人間の心理や思想を描いて、ある種の意味作用を行うものではなかった。彼の作品がどのような意味をもつか、どのようなメッセージを伝えているかを読者が考えさせられるのは、彼の作品の態度が「俺を読み解け！」という挑戦であったからである。しかし作品の中で自分の主張を伝えることはカフカの本意ではなかったと考えられる。

ここでサイレント映画に固執したチャップリンと、言葉を用いながらその散文を描写でもなく、作者の主張や人生観の伝達でもなく、単に形象（Bild）を描くのに用いたカフカを考察しながら、形象と言葉のつながりを、身ぶり、形象、言語表現において考察する。

一　チャップリンの「身ぶり」

チャップリンがサイレント映画からトーキーに移らなかった大きな理由はことばの問題からであった。トーキーの方がことばがそのまま伝わり望ましいように考えられるが、チャップリンはことばが音声で発されたとき、各国での受容が異なることを恐れた。映画『モダン・タイムス』（一九三六）の中でチャップリンは「ティティナの歌」をいかにもことばらしいが意味不明の歌詞で歌う。このような意味を伝達しない歌こそ万国の観客に同じように受容されるとチャップリンは考えた。

チャップリンがサイレント映画で狙ったのは、パントマイム的な「身ぶり」が示す状況を見せることである。この身ぶりは意味を伝達しない。何かを伝える言語の代用としてのゼスチュアでなく、チャップリンの狙ったのは身ぶりそれ自体が持つ可能性である。チャップリンは映画における言語の拒否を最大限利用したと、ベンヤミンは指摘している。

「サイレント映画は写真からトーキーまでの過程のほんの短い息継ぎの時間であった。サイレント映画が人間の言語を、そのきわめて流暢な次元を諦めるよう強制することにより、映画は表現の次元で巨大な圧縮をすることができた。この可能性を最大に利用したのはチャップリンである。」（ベンヤミン全集、第二巻）

言語を諦めることによって生じた表現上の圧縮とは、言語の代用としての身ぶりではなく、「身ぶり」そのものの可能性である。身ぶりは言語の代用でなく、身ぶりそれ自体のおもしろさを現出する。しかしトーキーが出現し言語が音声で伝えられることにより、伝達の言語が使用されるのは明らかであった。だから、彼にとって、サイレント映画はやがて不可避的なトーキーまでの、しばしの「猶予期間」であったのだ。

ベンヤミンはチャップリンのサイレント映画と、フランツ・カフカの散文の類似性を指摘している。

「チャップリンにとってつなぎの文（Verbindungstexte）を自分で考案してよかったサイレント映画は、猶予期間のように思われた。この猶予期間をカフカも利用した。カフカはサイレント映画と同時に舞台から姿を消すが、その彼の散文も究極的にはサイレント映画につながる文と呼ぶことができる。」（傍点筆者）

「つなぎの文」とはサイレント映画を観るときに各人が独自に付け足すことば、すなわち動作を示す映像と映像をつなぐことばである。サイレント映画の観客は、意識しようとしまいと、動作と動作をつなぐ言葉を持って映像を見ていた。ベンヤミンによれば、観客はその際文を考え出すことが許されていた。注目すべきは、ベンヤミンがカフカの散文にサイレント映画と共通なもの、即ち言語表現を諦めることによって表現を圧縮するような表現を見いだしていることである。

ベンヤミンはカフカとチャップリンが共有する空間を彼らとトーキー映画との関係に見ている。「カフカとチャップリンの世界にとっての境界としてのトーキー」という短いメモがある。彼はこの二人が重なる時期を、写真からトーキーへのメディアの発展の間の短い息継ぎの期間と見なし、その意味でチャップリンのサイレント映画とカフカの散文の活躍する時期を、彼らの世界が刑の執行を「猶予される期間」であると考えている。明らかにチャップリンは、この「猶予期間」である境目に意図的に留まったのである。

『黄金狂時代』とベンヤミンの「触覚的」受容

チャップリンが無言の動作で何を示そうとしたのか、を考えるのでなく、彼の「身ぶり」を読むことが肝要である。「身ぶり」が言語の代用になっているのでなく、サイレント映画では「身ぶり」はそれ自体の自立した価値をもっている。すなわち、身ぶりは何かを指示するのでなく、それ自体完結したものである。

『黄金狂時代』（一九二五）はアラスカに金鉱が発見されて人々が西へと金を求めて押し寄せた

ゴールド・ラッシュを描いている。ゴールド・ラッシュを扱う視点の違いを、アレゴリー（寓意）を用いて演劇にしたブレヒトとチャップリンのサイレント映画で比べてみよう。

ブレヒトは『マハゴニー市の繁栄と没落』（一九二八）という演劇で、アラスカのゴールド・ラッシュの状況を資本主義のアレゴリーとして示している。彼は舞台の上に、金銭がすべてであり、金がある限りすべてが許されるという享楽の都市マハゴニーを作り上げているが、この都市は資本主義をスケレットとして見せる。ブレヒトは人間の欲望が解放された場合を、人の動作を極端化、すなわち「異化」することによって演じさせた。一九二〇年代の大恐慌で人々が飢えているときに、暴食して即死する男を舞台に登らせたのは、観客への明白な挑発であって、作者は観客に向かって、「さあ、考えろよ」と問題を突きつけているのだ。

チャップリンの『黄金狂時代』の視線はもっと低いところにある。彼の映画ではゴールド・ラッシュを批判し観客を挑発する者の視線が、距離を置いたところに設定されていない。だぶだぶのズボン、大きなドタ靴、ステッキと山高帽という浮浪者の扮装でチャップリンが最初に登場したのは、映画『メイベルの窮境』である。この映画に登場するために、喜劇の扮装をして来い、といわれたチャップリンは衣装部屋へ行く途中、この扮装を思いつく。「だぶだぶのズボンにきつすぎるほどの上着、小さな帽子に大きすぎる靴という、とにかくすべてチグハグな対照というのが狙いだった。」（『チャップリン自伝』）と彼は回想しているが、このチグハグな衣装こそまさにクラウン（道化師）の衣装である。しかも、チャップリンはこの衣装を身につけ、メーキャップをしたときはじめてその人物が出来上がったのを発見した。この姿でチャップリンは一攫千金を夢見てアラスカへ押し寄せた人波に混じって右往左往する浮浪者を演じた。

映画『黄金狂時代』では、金鉱を掘り当てて一財産を作りたいという当時の社会の身ぶりを道化師であるチャップリンがやってみせる。彼はこの人々の群れに混じって行動しているだけで彼とゴールド・ラッシュとの関わりは、批判という距離がなく、ベンヤミンの言うような「触覚的」（taktisch）関係である。

ベンヤミンは芸術作品受容に関して、芸術作品に距離をおいて内省的に「沈潜しつつ」鑑賞する受容の態度に対して、「触覚的」態度があることを発見した。彼は「触覚的受容は注意力の集中という手段によってでなく、習慣という手段によって行われる」（『複製技術時代の芸術作品』）ことを指摘している。彼は芸術作品である建築が対象物として距離を置いて「鑑賞される」態度よりも、その中に住んで知覚的に慣れることにより受容されると述べ、この受容を彼は「触覚的」と呼んだ。

触覚的受容は遠近法的に世界と関わる距離が、即物的近さに席を譲ることによって生じる。ベンヤミンはその意味で遠近法と距離を前提とする「批評」の終わりを告げている。彼は映画の現実が、距離をおいた批評家を無用の者にしたことに気づいていた。観客は映画の画像を見るとき、絵画を見る時のように瞑想的にそれに没入することはできない。映画の画像は、作品に精神的に集中して鑑賞しそこから意味を読みとるという観客の内面性を拒否する。二〇世紀において「気の散った状態での受容」は芸術のあらゆる分野で顕著になってきており、このような受容を練習するのに最適の道具が映画である、とベンヤミンは指摘している。

チャップリンの浮浪者は、ゴールド・ラッシュを批判する距離に位置したのでなく、欲に憑かれて西へと移動する群衆の中に混じっている点で、「触覚的」受容の対象である。対象との近さがこの浮浪者の世界である。彼は欲に取り憑かれているようであるが、それも鮮明な意志として現れてこない。むしろこの浮浪者は全体の流れに流されている。彼の特徴は欲に取り憑かれた世界を歩き回りながら、その隙間に滑稽なものを探しだし、やってみることにある。その意味でも彼はクラウン（道化師）である。ここでは、悲しげな表情とチグハグな衣装、周辺的存在が作り出す出来事が全体を形成する。言語は拒否されている。すべてが浮浪者の身ぶりに収斂している。

しかし同時にこの映画にも大きな流れとしてのストーリーがある。浮浪者が金鉱を掘り当てて百万長者になるというのがこのストーリーの結末である。クラカウアーはチャップリンも他の映画と同じようにハッピーエンドをつけることによって観客の好みに合わせていると指摘している。（『カリガリからヒトラーへ』）

チャップリンのサイレント映画の大部分はハッピー・エンディングをしている。しかしこの結末は単なる観客の願望の反映ではない。貧困、社会不安の時代に、地面をはいずり回る浮浪者が、最後には富や恋人を得るというハッピーエンドは、それらの作品が現実のリアルな描写でなく、ひとつの「お話」であることを観客にはっきり分からせる。偶然な出来事により恣意的につけられたハッピーエンドを見せることで、逆に現実を照らし出しているとも言える。つまり、このような結末は現実にはあり得ない、ということを観客は楽しみながら確認する。チャップリン映画の結末はストーリーの論理的結末としては決して出て来ない。身ぶりの連鎖はストーリーを背負っていないから、結末は恣意的につけられたシーンとなる。

状況を際立たせる技術　「飢え」がどのように動作化されているかを、『黄金狂時代』の空腹のシーンで見てみよう。このときの身ぶりは言語で語られるよりも十全に「飢え」を理解させる。浮浪者と連れの大男は山小屋の中で、雪に閉じこめられ、食料がなくなって空腹に堪えかねている。チャップリンの演じる浮浪者は、自分の片方の靴を鍋で煮て食卓に出す。彼は大きな白い皿に、湯気のたつ靴を乗せる。上の皮を丁寧にはがし、それを相棒の大男に渡す。大男はそれに疑心暗鬼の様子で噛みつくが、チャップリンはナイフとフォークで礼儀正しく食する。靴の釘もひとつひとつしゃぶって皿の傍らに置く。彼は靴底をこの上なく洗練された作法で食べ、靴紐もスパゲッティのようにフォークに巻き付けて食べる。

靴を喰うシーンは、靴が上等な料理のように上品な礼法にかなった食べ方で浮浪者に食べられるところにおもしろさがある。チャップリンは飢えという極限状況と上品な食事作法との対比が動作として浮き上がるようにやって見せた。彼は飢えは堪えがたいことを動作で示すが、ゴールド・ラッシュに巻き込まれた人々や、資本主義社会の矛盾などを批判する発言はしていない。彼が見せているのは、そのような状況の現実的矛盾でなく、飢えを際立たせる身ぶりなのである。

チャップリンは、自伝のなかで、すべての喜劇を通じていちばん大事なのは、喜劇の中での自分のとるべき態度を見つけだすことであるが、それを見いだすのが容易でなかった、と回想している。彼が「態度」と言っているのは、喜劇の中での自分の位置、役柄である。当時のサイレント映画には、大きな筋があるだけで台本はなく、演じる者は自分の話との関わり、動作などを考えださなければならなかった。それはチャップリン自身が映画の中で作る「話」あるいは「文」である。

サイレント映画では映画の中で演じる者も全体の流れと自分の動作を結びつける「文」が必要であった。観客にも映像と受容を結びつける「文」が入用であった。演ずる者が考えた自分の演技と、観客がそれを見て自分で作る「文」の両方が必ずしも一致するとは限らない。むしろ、演出する側の作る態度は一つだとしても、観客各人は異なった「結びつける文」をつくる。サイレント映画の受容は、言語がこのように拒否された結果、多様な受容を可能にする。ここではある特定の意味だけを伝達することが成り立たない。

このように、チャップリンのサイレント映画には、身ぶりが何か特定の意味を指し示すのを阻止する機能が観察される。刑の執行を「猶予」されたのはいつまでもサイレント映画にしがみつくチャップリンへの死刑執行でなくて、トーキーで支配的になる定言的、線的言語化によって消されていくチャップリンの「身ぶり」である。

トーキーの『独裁者』 一九四〇年制作のこの映画はチャップリンが初めてトーキーで撮ったものである。チャップリンは第二次世界大戦を引き起こし、ユダヤ人迫害を進めるヒトラー独裁への強烈な批判、抵抗の主張を、「言わねばならぬこと」と考え、「そのためにこそトーキーに踏み込んだ」(淀川)のである。

ゲットーに暮らすチャップリンの演じるユダヤ人の床屋は総統と瓜二つのように似ていた。彼は侵攻してきた軍隊に総統と取り違えられる。彼はそのまま総統になりきっていたが、映画の終わりに近いシーンで彼は大決意のもとに大軍を前に壇上で独裁者に反対し平和を求める大演説をする。このシーンでの戦争反対のメッセージを伝えるために、チャップリンはこれまでのサイレントを放棄してトーキーを利用せざるをえなくなった。政治的主張が言葉で表現される。世界中の人々がラジオを通して偽の独裁者の平和への呼びかけを聞く。有名になったこのシーンは二重の意味でサイレント映画製作者チャップリンが身ぶりと言語の境界に立っていたことを示している。

ひとつは、身ぶりの世界が、意味の世界へ移行していることである。言葉でメッセージが送られることにより、特定の意味だけが固定され伝えられることになる。もうひとつはラストシーンの問題である。『独裁者』の演説シーンがこの映画のクライマックスでラストシーンのように見えるが、この映画は彼が最後に田舎に逃れた恋人一家と合流して農業に勤しむ田園生活のシーンで終わる。このラストシーンがそれまでのチャップリンの表現を破壊している。

「チャップリン映画の個性は他の風物を用いて人物の心を表現する手段はほとんどとっていない。どこまでも人物主義である。」と淀川が言うとおり彼は感情表現を風物詩的に加えることをしなかった。彼にしてみればそれらは人物の表情と動作でじゅうぶんではないかと言っているようであるが、この制作の態度が『独裁者』のラストシーンで破られている。

彼の恋人を始めとするユダヤ人避難民たちは、偽独裁者である床屋の演説をラジオで聞く。平和を呼びかける演説を聞いて、避難民たちは力づけられる。最後のシーンは床屋のチャップリンも合流して田園で働く平和な場面が映される。アドルノはこの結末部分を、「チャップリンのヒトラー映画のラストシーンをなす穂波に揺れる麦畑は、反ファシズムを叫ぶ自由の説法を否認するものだ。」(『啓蒙の弁証法』)と批判している。腐敗し矛盾に満ちた社会が美しい自然の中に解消される。チャップリンは戦争反対を主張するために大部分が身ぶり的に作られていた映画の終わりに、長い演説のメッセージを入れた。それまでの彼のサイレント映画ではハッピー・エンドになったが、『独裁者』では同じハッピー・エンドでも、以前の映画とは質的に異なることが起こった。風にそよぐ麦畑は社会悪を否定するものとしての「自然」を描写するという意味をもっている。自然は社会悪を中和するのに用いられている故に、この最後のシーンの田園風景は独裁に逆らって平和を求めるという彼の演説内容に矛盾する。

この映画の眼目は、ユダヤ人の床屋と独裁者の類似性を基礎に、独裁者のイメージを矮小化し、空虚化して示すことによってその技の冴えを見せるところにある。地球儀をもてあそぶ身ぶりを演じることで、独裁者が人間の世界を弄んでいることを示し、風船でできた地球儀が破裂することで、誇張された総統像を笑うべきレベルへ引きずり落とすことができた。しかし、最後の演説と牧歌的田園風景はチャップリンのもつ身ぶりの可能性を消滅させたのである。

二　カフカの形象

カフカの作品はその意味内容を捉えようとすると読者は果てしなく深い森の中へ迷い込んでしまう。カフカの散文は読者に「俺を読み解け！」と要求する。しかも、カフカの散文は表現によってでなく、表現の拒否、断絶によって自己を表現する。それはアドルノの言うように「鍵を盗まれたパラーベル的表現」(「カフカ覚え書き」)である。どの文も「俺を読み解け」と主張しているが、しかし、どの文もそれを許そうとはしない。カフカの散文は意味付けを強要する。そのことにより、彼はベンヤミンのいう、「芸術作品を沈潜して鑑賞する距離」である美的隔たりを廃止する。彼は関心のない観察者に関心を強要する。その結果、テキストと読者との静観的な関係が根本から妨げられる。「攻撃的肉体的近さ」が読者の登場人物との同一化を妨げる。

この肉体的近さはチャップリンの『黄金狂時代』の浮浪者のとる態度でもある。触覚的知覚はカフカの散文でもチャップリンの映画でもそれらを受容する者と作品との間の距離を取り去る。解釈拒否を作り出しながら触覚的近さにあるのが、カフカの創造した一連の「形象」である。カフカ自身、「わたしは人間を描いたのではない。わたしはある出来事を物語ったのです。そこにあるのは一連の形象(Bild)です」(ヤノーホ『カフカとの対話』)と語っている。彼は実在する人間の模像を描いたのでなく、形象をもって出来事を語った。彼は出来事を「描いた」のでなく「語った」のである。ことばを措くことにより形象が実在として現れるのであって、ことばで何かを描写するのではない。カフカの散文は定言的メッセージを送り出していない。

「裁かれる」ことの形象化

小説『審判』(一九一四)には、「裁かれる」ことをめぐるいくつかの形象が見られる。この小説は、

「誰かがヨーゼフ・Kを密告したに違いない。というのは彼が何も悪いことをした覚えがないのに、ある朝逮捕されたからである。」

と書き出されるが、冒頭のこの文にこの作品全体の構造が現れている。銀行の主任であるヨーゼフ・Kは三〇歳の誕生日の朝突然逮捕された。身に覚えがないのに逮捕されたKは、誰かが密告したからに違いない、と考えた。これは「逮捕」自体から生じた理由付けである。旅行服のようなものを身につけた男がKの「逮捕」を告げたが、彼らは逮捕状を持っていなかった。彼らは監視人にすぎなかったからである。ここで実際に生じたのは「逮捕」だけである。逮捕されたからには裁判所があり、審理があるにちがいない、というように具体的な物事が生じてから、その理由付けが述べられる世界に読者は誘い込まれる。

ある朝の「逮捕」はヴィジュアルな世界である。逮捕を見物している人物がいる。主要な人物でなく文字通り野次馬的存在である。いつものように朝食が運ばれて来ないので、まだベッドに横になっているヨーゼフ・Kの様子を、向かい側にすんでいる老婆が「この女にはまったくありえないような好奇の目で」眺めている。彼が呼び鈴を鳴らすと、朝食を持った女中ではなくて、見知らぬ男が現れた。ベルが鳴らされると人が登場する仕掛けは、劇場の舞台を想像させる。彼を眺めている老婆は観客であり、さらにベルが鳴るとそれを合図に見慣れない人物が登場してくる。これは芝居のシーンのようである。

芝居で演じられる裁判を形象をもって描くという方法をカフカはすでに初期の短編『兄弟殺し』で用いている。

世界劇場　カフカの短編『兄弟殺し』は芝居の構図をとって法廷や裁判に絡む形象が描かれている。冒頭は、法廷での陳述書の文体で書き始められている。

「殺人が以下の方法で行われたのはすでに証明済みである。殺人者シュマールは夜九時頃、月の明るい夜に件の街角に立っていたが、そこは犠牲者ヴェーゼが勤務する事務所がある路地から自分の住む路地へと曲がらなければならないところであった。」

シュマールが短刀を持って待ち伏せる様子が記述される。彼が殺人の意図をもってヴェーゼを待ち伏せしているのを、年金生活者のパラスという男が三階の窓から見下ろしている。パラスは殺人が行われることを知っていながら黙認している。この黙認に対して、語り手が「人間の本性を解明せよ！」と「お前」に命令する。「お前」はこの陳述書を聞く人であり、これを読む人である。語り手と読者の距離はこの命令文により接近する。「お前」は殺人を傍観していないで、「人間の本性」を解明せよ、と要求される。読者は静観して読み続けることができなくなる。答えを求めることにより読者とテキストとの距離は肉体的に接近する。読者はこの状況に対して自分なりの考えを求められ、答えを作らざるをえなくなるが、答えは出ない。困難なのは全体が動作だけで示されているからである。

ヴェーゼの仕事が終わって、彼は事務所の戸を閉める。その時閉めるドア・ベルの音が大きな音で響き渡る。それはドアのベルにしては大きな音で、家で待っている妻にも、待ち伏せているシュマールにも聞こえるほどで、「天まで響きわたる」ほどの音である。

このドア・ベルは劇場の幕が開くときのベルの音、パラスは裁く者、シュマールとヴェーゼは演技する者で、全体は殺人事件が舞台の上で演じられる形が見える。演じられるのは「兄弟殺し」の芝居であるが、これは旧約聖書のカインによる兄弟アベル殺しとも考えられる普遍化された殺人である。したがってベンヤミンの言うように、この劇場は「世界劇場」となる。

このように、カフカの遠近法は、事件現場を劇場とし、その舞台を高いところから鳥瞰している。しかし、筆者はこの視点のあるべき場所を含んだ全体の構図をカフカが示していないことに注目する。一部分、例えばベル、窓から見下ろす老婆などを描くことにより、全体を想像させる方法（逮捕があるから裁判機構全体が予感されるような）がとられている。これはメトニミー（Metonymie 換喩）の世界である。芸術作品ではヴィジュアルな描写において往々にして部分で全体を想像させる「換喩」が用いられるが、それがカフカの描く世界の基本的構図であって、読者が全体像を作る（つなぎの文をつくる）可能性を開く。作者の主張はことばで語られず、示されたのは形象と部分的空間である。構図の部分を見て読者が全体の構図を想像する（全体像を作る）のは、分けの分からぬ場面に対する「つなぎの文」を作る作業となることを指摘したい。

錯覚の構造　世界劇場的な『審判』の世界は、「逮捕」が引き起こした状況が、無数の換喩で語られる世界である。その世界ではKが想像したとおりに形象が現れる。彼が胡散臭く思う裁判所は、従ってむっとするような湿気の多い、屋根裏部屋に出現する。階段からげ落ちないように用心しながらKは上って行く。このように、Kが想像するように状況が形をとって現れるのは、『審判』がKという人物の視点からだけ語られているからである。しかも一人称で「僕はこう思った」と語られるのではなく、Kの視点から彼の考えが「彼はこう思った」と述べられるからである。たとえば、冒頭が一人称語りで書かれると、「誰かが僕を密告したに違いなかった。というのはなにも悪いことをした覚えがないのに僕は逮捕されたからだ。」となるが、このように語られればこの物語全体がKという人物のモノローグで構成されていることがすぐに理解される。主人公には、「お前は逮捕されたのだ」という観念だけがあり、それが増殖していく過程が想像される。この三人称が作る世界が読者に一種の錯視を生じさせる。一人称の視点でありながら三人称で語られる表現方法については既にシュタンツェル等が述べているが、筆者はさらにそこに展開する世界は部分を表す世界、換喩の活躍する場となっていることを新たに指摘したい。部分で全体を暗示する換喩の方法により、物語全体は全能の語り手が語る統一された全体を形成しているように錯覚させるが、構造的には視点を背負った人物Kからの統一である。それは部分を全体的につなぎ合わせようとするKの試行錯誤の軌跡である。しかしそれは決して整合しない。

Kは「逮捕された」ことにより、自分の無罪を証明しなければならないと思うが、彼の打つ手はすべて遅ればせになる。例えば、無罪証明を法廷でするには弁護士を依頼する必要がある、と叔父が田舎から出てきてKを友人の弁護士のところへ連れて行く。面会を待っている間に、Kは弁護士の小間使いの誘惑にのる。彼はこの女性を通して弁護士との話をつけるのがよい方法であるように思い、叔父がせっかく紹介しようとしているのに叔父と弁護士を怒らせてしまう。

彼の無罪証明をえるための方法は、遅ればせであるばかりでなく、徐々に枝葉末節なことへ入っていってしまう。彼は部分的に見えている現象にすぐに説明をつけるが、それは一時的な部分を全体とみなしてしまう錯覚を形成する。彼が起こったことに対し直ちに納得いく説明をつけ、それへの処置を行うこと、部分的現象から遡行してもっともらしい原因を見つけだし納得しようというやり方が、この小説全体の構図に対応する。それがヨーゼフ・Kの行動と思考の基本的な形である。Kは自分に見えた部分にだけ対処するから、決して無罪証明という大問題には到達しない。Kのつなぎの文はそのように作られている。しかし「読み解け！」と迫られた読者は形象の描かれた世界へのつなぎの文を果てしなく作り続ける。しかし、これは何であると決めた結果が個人個人で異なっていても、各人の文化的社会的背景が同一であれば、同じ方向性を持つつなぎの文が出来上がることになろう。

待つことの形象　「掟の前で」は『審判』の中の寓話である。この寓話と『審判』全体は相似形になっていて、「掟の前で」が読み解ければあたかも作品全体が解釈できるかのような印象を与える。

掟の前に門番が立っている。そこへ田舎から男がやって来て、掟の中へ入れてくれと頼む。門番は今は駄目だと断る。それでも門の中を覗き込む男に、門番は、中へ行くほど恐ろしい門番が守っていると言うと、男はそれでは許可が出るまで待とうと決心する。掟は最下位の門番としてしか現出していないのに、男は掟全体の実在を想像したのである。

男は最初の門番のところで待ちつづけ、時には賄賂を贈って早く入れてくれと頼んだりしたが、だんだん年を取りついに死期を迎える。死を前にしてこの男はそれまでに一度もしなかった質問を門番にする。誰も掟を目指す、それなのにこれまでの間誰も掟の門に来なかったのはなぜか、と。門番は「この門はお前だけに定められていたのだ。さあ行って門を閉めてこよう。」と言うところでこの話は終わる。

これを読んで読者はこの寓話が何かを主張しているかを考える。しかし明確な答えは見えない。人生観として考えれば、待たずに門の中へ入ればよかったのだ、優柔不断にただ待っていたのは努力が足りなかった、ということになる。しかし、強い門番が守っている門が果てしなく続くから、掟までたどり着かないで人生は終わろう。この男、「待つ」動作をもつ形象に対し、各人の解釈（つなぎ文）が作られる。しかし、田舎から来たこの男は「待つ」という動作を担った形象である。「待つ」動作には過程（Prozess これが『審判』の原題）である人生が凝縮されている。掟の門の中へ入れないのは、彼が「待つ」ことを決心したからである。彼は「待つ」姿勢の外へは出られない。「待つ」形象であることが作者によってはじめから設定されているからである。その「待つ」姿勢が同時に「掟」の権威を作り上げている。「掟」は他者との関係を持たないことにより存在する。言葉による入門許可、手続きなどとは断絶している。「掟」は掟であって、それが権威であるのは他者によって決して解明されないことによる。

「掟の前で」は掟の権威を据えている構造上、解釈は必然的に拒否されている。

読者によるそれぞれ異なる解釈は作品と読者との間のつなぎの文である。カフカの文学は自由なつなぎ文を作ることを許すが、どれが正しいとは言わない。カフカによれば、真理は言葉によっては到達しないからである。岩に鎖で繋がれたプロメテウスの言い伝えについてカフカは、「言い伝えは不可解なものを解き明かそうとつとめるだろう。だが、およそ真理をおびて始まるものは不可解なものとして終わらざるをえない。」（「プロメテウス」）と述べている。

『審判』には「裁かれる」ことを巡っての一連の形象が観察される。語り手Kの言葉で形象相互の解明のために無数の言説がつなぎ合わされるが、それらは何ら首尾一貫した意味を伝えるものではない。Kの内面のモノローグはむしろ、何か意味を読みとろうとする者たちへの攪乱のための偽装である。短編「巣穴」の動物が巣穴の入り口を隠すように、そこには枝葉が茂り絡み合う。それらをほどいて中へ入ることはできない。

このように解釈を拒否しながら自らを解明しない形象だけを描くカフカの態度は、チャップリンのサイレント映画の身ぶりに類似している。それらは真理に迫るための言語拒否の世界を形成している。

参考文献

1 ヴァルター・ベンヤミン『複製技術時代の芸術作品』浅井他訳　ちくま学芸文庫
2 Walter Benjamin: *Gesammelte Schriften.* II, Suhrkamp Verlag, 1977
3 Franz Kafka: *Der Prozess.* Fischer Verlag　フランツ・カフカ『審判』中野孝次訳　新潮文庫
4 Charles Chaplin: *My Early Years.* The Bodley Head Ltd. チャップリン『チャップリン自伝─若き日々』中野好夫訳　新潮文庫、一九七九年
5 淀川長治『私のチャップリン』ちくま文庫、一九九五年

ヘンリー八世ゆかりの二つの庭
――庭園に見る歴史と文化――

岩切　正介

はじめに

ヨーロッパの代表的な庭園様式は、一五・一六世紀のイタリア・ルネサンス庭園、一七世紀のフランス幾何学式庭園、一八世紀のイギリス風景式庭園で、いずれもその時代にヨーロッパ一円で造られ、その後もしばしばモデルと仰がれた。この前後あるいは周辺でも様々な庭が造られ、ヨーロッパの庭は豊かな歴史を刻んで現在に至っている。現代の庭造りをリードしているのはイギリスだといっていいだろう。ここではロンドンから行きやすいという点を考慮してイギリスの二つの庭を選んでみた。一七世紀に完成された庭と二〇世紀初めに造られた新しい庭である。現代のイギリスのガーディニングからすればすでに歴史的庭園である。庭園にはふつう文化や歴史、美意識そしてしばしば政治、その他のことが複合的に織り込まれており、それがひとつの魅力である。庭園は現在、人工的な都市に対する環境景観として、またストレスに曝された現代人の心の癒しの空間として新たな注目をあびている。

一　ヒーバー城　Hever Castle and Gardens

一九〇四年から一九〇八年にかけて作られた現代の庭の傑作で、一九九五年には「今年の庭」に選ばれた。作ったのはアメリカからイギリスに帰化した実業家アスターである。アスターは父祖の国ヨーロッパの文化と伝統への憧れを強くもち、「アメリカはもうジェントルマンが住むのに適した国ではない」と感じて、イギリスに帰化した。

曾祖父はドイツのハイデルベルク近郊の村の出で、若い頃アメリカへ移住し、毛皮貿易で財をなし、ついでニュー・ヨークの土地売買でまた財をなした。一八四八年に死んだとき、アメリカ一の富豪といわれた。赤貧から富豪への道をたどった人物である。ヒーバー城はその曾孫の作った庭である。

帰化後アスターは慈善事業も積極的に行い、男爵、ついで侯爵に叙された。アスターの孫は新聞雑誌の世界へ乗り出し、タイムズ社の社長や会長を勤めた。

ヒーバー城の彫刻と植物の庭

この庭は、アスターがアメリカの駐イタリア大使を勤めた一八八二年から一八八五年の間に収集した古代遺物の展示の場所も兼ねている。一六世紀のイタリア・ルネサンス庭園を再生させた部分がそれである。庭園に彫像など美術品を展示する、という考えそのものがイタリア・ルネサンスの庭に始まるのだから、この構想は庭園史の再現ともいえる。庭は屋外の美術館――これはヴァチカン宮殿の離宮の庭がその始まりとされ、広大なボルゲーゼ庭園なども同様であった。

ヒーバー城の庭はそれだけではない。周りには一八世紀イギリス風景式庭園を活かした部分もある。この二つが構想の二本柱で、庭の主要部分を構成している。蒸気機関を利用するなど大がかりな造園作業が四年続けられ、三〇エーカーの景観が新たに創り出された。

ここにはまた、アン・ブリンの生まれ育った古城と付属する小庭がある。これもアスターにより復元された。アン・ブリンはエリザベス一世の母といった方がいいか、あるいはヘンリー八世による強引な求婚と結婚、千日後の処刑という歴史悲劇のヒロインという方がよいか。ここは、有名なアン・ブリンの実家であった。

イタリア・ルネサンス庭園、イギリス風景式庭園、そしてチューダー朝の古城と小庭。ヒーバー城の庭の味わいはこの三種になる。

イタリア・ルネサンス庭園の構成や要素を生かして造られた部分は、庭全体の中心部にある。一六世紀の典型的なイタリア・ルネサンス庭園との違いは、ここが平面に造られていること。空間がゆったりして広く、余裕が感じられて快いこと。この二つであろう。案内図やガイドブックでは、噴水園、「イタリア庭園」、ポンペイの壁、パーゴラ歩道などと記されているところ全体がそれにあたる。

「イタリア庭園」はグランドのように広い長方形の芝生で、芝生の上に彫像、飾り鉢、壷、棺などが配されている。数は少なく、まばらという感じすらするが、要所を押さえてある。噴水もある。長辺はおよそ一四〇メートルほどあり、一方がポンペイの壁、他方がパーゴラ歩道である。短辺の方は三〇メートルあまりある。

入り口に近い手前の区画には、イチイの生垣で囲われた部分があり、内部には沈床園が隠されている。中央に池、小さくかすかな水音をたてる噴水がある。周辺はボーダー花壇で、うす紫や白や灰色、銀色にくすむ緑などの色彩が使われている。人の心を沈静へ誘う色彩と造りで、これは見事である。微妙な色彩設計を考えたイギリス現代庭園の生みの親ジーキルの見事な遺産を感じる。当初はローマ浴場で、一九三〇年代に改修され、この沈床園が誕生した。

ポンペイの壁は、構想も実際の造りも、ともに秀逸である。アスターが集めた古代の遺物がここに植物や花とともに展示されており、独特の雰囲気を醸している。美的世界といってもいいし、日本人なら、規模の大きい勅使河原流の生け花の連続と見立てることもできる。一四〇メートルほどの長さを控え壁で区切り、一〇あまりの区画を作って、それぞれ異なるデザインで遺物と植物、花を組み合わせている。展示されている遺物は、彫像、柱、壷、飾り鉢、水槽、花瓶など、大きさも種類も様々で、いずれも味わい深い。古いものは、二千年以上のものという。これらが潅木、藤やクレマチスなどつる草、さらに多年草、一年草の植物や花と共存する。ここで用いられている一年草は温室で育てられた後、移植されるベゴニアやゼラニウムなどである。その他、スイカズラ、レンギョウ、木蓮、インドの珍しい低木、チリ原産の木なども使われている。壁の高さは三・六メートルほどある。

これと向かい合うパーゴラ歩道も見事である。ポンペイの壁が日向の道なら、パーゴラ歩道は日蔭道といえよう。ぶどう、スイカズラ、藤などに覆われている。きんぐさり、バラ、アメリカヅタも目に付く。初夏、きんぐさりは鮮やかな黄色に花咲き、秋、アメリカヅタは紅葉する。ぶどうは緑の葉を広げた後、実をならせる。四季、このようなトンネルをくぐって歩く。一部の覆いには、小粒なリンゴを稔らせるリンゴの木も使われている。壁の一部は涼しい水音を響かせるグロットに仕立ててあり、水に濡れた岩肌に沿って、しだ、桜草、ぎぼうし、アスティルベ、ウェールズ芥子が見られる。苔も岩肌に張り付いている。ふつう、グロットは洞窟で奥へ伸びる造りになっているが、ここでは横に連続する壁のように造られている。それでローマ近郊の有名なエステ荘の百噴水を思い出させる。

このパーゴラ歩道の壁には潜り門があり、外へ抜け出ることができる。そこにあるのが、バラ園である。バラ園はイギリスでも古くから作られてきたが、ヒーバー城のバラ園は、造りといい色合いといい、噴水といい、一種独特の暖かみといい、やはりイタリアの庭園の雰囲気に包まれている。バラはおよそ三千本、見頃は六月から九月といわれる。

潜り門から、ふたたび「イタリア園」へ戻る。右手、「イタリア園」の短辺に接して作られているのがロッジア（涼み亭）と柱廊である。ロッジアの裏手は湖になっているので、「イタリア庭園」の中で閉ざされていた視線はここで、広い眺望に向かって開放される。視線が向かうのは、イギリス風景式庭園が育てた湖と木立の景観で、木立を構成する樹の色合いと樹姿にはやはり独特の旋律が認められ、快くて美しい。

一八世紀のイギリス風景式庭園の景観は、湖周辺のほかに、庭園の南の境界に沿って真っ直ぐに伸びるアン・ブリンの散策路にも見られる。樫、ぶな、杉、かえで、スコットランド赤松、菩提樹など、イギリス風景式庭園の典型的な樹が見られるだけでなく、その後、一九世紀、二〇世紀になって、イギリス風景式庭園の景観を豊かにしてきた世界の珍しい樹が植えられている。この散策路の内側にある芝生の斜面もまた、イギリス風景式庭園のものである。ここは、アン（妹）とメアリ（姉）の二姉妹にちなんで、「二姉妹の池の芝生」と名づけられている。

城は庭園に入場して左手にある。内堀と外堀の間にアン・ブリンの庭と名づけられた小庭がある。推定的にだが、当時のままを再現している。ハーブ園、バラ園、パーゴラ、チェス園が生け垣の中にまとめられている。チェス園とは、チェスのコマを並べた庭。コマは、いちいのトーピアリ（装飾刈込み）で作られている。往時のチューダー朝の小身分の者のこじんまりした庭が偲ばれる。

城は、かって貧しい境遇から身を起こし、財産を築いてロンドン市長を務めたアン・ブリンの曾祖父が一四六二年に買い取ったものであった。一三世紀の古城だったという。曾祖父は騎士に叙せられた。アン・ブリンの父は、この曾祖父の孫に当たる。母親はノーフォーク公爵の娘であった。アン・ブリンが生まれたのは、一五〇一年、この城であったろう、とされる。

アン・ブリンは子供時代をここで過ごす。とはいえ、早くから野心ある父親によって宮廷に送り出され、子供の時から宮廷で過ごす事が多かった。一三歳の時、ヘンリー八世の姉メアリー・チューダーがルイ一二世に嫁ぐお供に加わってフランスへ行く。ブリンは父がフランス大使を務める間もフランス宮廷で過ごし、合計でブリンのフランス滞在は一三年に及んだ。帰国後父はヒーバー城に引退、アン・ブリンも田舎暮らしを始めるが、退屈、すぐに、王妃キャサリンの侍女となって宮廷生活を始める。その宮廷生活の中でヘンリー・パーシーと恋に落ちるが、ヘンリー八世に喜ばれず、仲を裂かれた。ヘンリー八世の頭には、それぞれ政略結婚させる相手があった。アン・ブリンはヒーバー城に戻され幽閉状態で暮らす。ところが、運命のいたずらな糸で結ばれていたというべきか、姉のメアリはヘンリー八世の思い者であった。やがてヘンリー八世の目は姉から妹へ移る。ヘンリー八世はたびたびこの城を訪れもてなしを受け、来ない時は手紙と贈り物を寄越した。はじめきっぱりと断っていたアン・ブリンも強引な求婚に折れる。一五三三年、王とアンは結婚する。アンはこの時二五歳であった。しかし、ヘンリー八世が熱望していた世継ぎの王子は産まれなかった。死産、流産が続くことに怒った王は、姦通の罪をでっち上げ、五人の男たちと共にブリンを処刑してしまう。アン・ブリンはこの時二八歳。最初に生まれた女児が後のエリザベス一世になる。

アン・ブリンとヘンリー八世との結婚は、カトリックだったヘンリー八世には元々認められないものだった。ヘンリー八世にはキャサリン王妃がいたからである。ヘンリー八世は、力業を発揮する。別個にイギリス王を長とするイギリス国教会を作って、カトリック教会と法王から独立した。これで離婚を可能にし、結婚も可能にした。

ブリンの死後、城は王室のものとなり、ヘンリー八世の四番めの妃アン・オブ・クリーヴズに与えられる。その後、二〇世紀の初めにアスターが購入するまで、この城はさまざまな人の間を転々とした。一九八三年からは、ブロードランド不動産が所有する。

城内には、アン・ブリンの劇的な人生の二場面がいきいきと実物大の人形を使って展示されている。ヘンリー八世がもてなしを受ける場面と、アンと男達が冤罪で裁かれる場面である。

参考文献

1 *Hever Castle*, Hever Castle Ltd.
2 *Parks and Gardens of Britain. A Landscape History from the Air*, Christopher Taylor, Edinburgh, 1998
3 *The Gardens at Hever Castle*, Hever Castle Ltd.

二　ハンプトン・コート　Hampton Court Palace Gardens

ロンドンからバスや汽車で気軽に訪れることが出来る庭で、ガイドブック類にも必ず載っており、だれしもまず思いつくという点では、現在もなおイギリスの代表的な庭といえようか。歴史の一時期にはまさしくイギリスを代表する庭であった。

これは一六世紀の前半に、ヘンリー八世（在位一五〇九～一五四七）が枢機卿ウルジーから召し上げ、整備して作りあげた庭である。ヘンリー八世の造庭の意図は極めて政治的であった。王は宮殿と庭をもって威光を示さなくてはならない、のであった。臣下で王を超える庭があってはならない。フランスも陵駕しなくてはならない。なによりのライヴァルはフランスのフランソワ一世であった。フランソワ一世のフォンテーヌブローの庭を超えなくてはならなかった。といっても、モデルはそのフランスの庭しかなかった。イタリアとは国教会創設で関係が絶たれていた。このため、ルネサンスの芸術と文化はしばらくイギリスに直接入ってくることはなかったから。

ヘンリー八世は、やはりウルジーから取り上げたホワイト・ホールでも庭を整備し、南イングランドのナンサッチにも急ピッチで庭を作らせている。庭造りに熱心な君主であった。王の威光を示すのが目的であったから、どの庭も大きく豪華に造った。ヘンリー八世は宮殿の屋根、門、

ハンプトン・コートのご内庭

壁をチューダー王朝の紋章の動物であるライオン、龍、グレーハウンド、一角獣などで飾り立てたが、庭にもふんだんにそれを持ち込んだ。また、花壇を囲む柵を王朝の色、つまり緑と白の縞に塗った。王朝の像と色が至るところに取り込まれ、いやでもそれが目につく庭となる。庭のデザインは、フランスのフォンテーヌブローの庭やガイヨンの庭に倣い、いわゆるフランス・ルネサンスの庭である。そこに持ち込まれたチューダー王朝の象徴と色、これがヘンリー八世の作った庭であった。一六世紀のイギリスの庭では、ヘンリー八世の庭を越えるものは作られていない。

ヘンリー八世は治世の初めの二〇年ほど、槍試合など、武芸を競う催しを頻繁に開いた。優れた武の王としてのイメージを造るためであったという。庭造りの姿勢に通ずるものがあった。

　ハンプトン・コートの庭の完成時の姿を伺わせるスケッチが残されている。全体は三つの庭からなり、南を流れるテムズ河に臨む。

　一つは、「ご内庭」で主庭をなす。宮殿の窓から眺め下ろす。すると一枚の図柄として、全体が美しく眺められる。二〇の正方形の区画（花壇）が中心線の左右に縦長の碁盤目に並んで模様を作った。それぞれの区画は結び目花壇や、アラベスク模様、あるいは迷路仕立てになっていた。この場合、一般に、ローズマリー、ヒソップ、タイムなどを使って、直線や曲線を描き、アラベスク模様もそれで作る。升目を埋め尽くすので、間隙は、また色彩で満たされる。クローズド・ノットの場合は花で埋められる。人は、区画の中に入れない。オープン・ノットでは、区画をさらに四つ割にし、径で分けるので、人は区画の中へ入り込める。その径は砂をまくかあるいは芝生にする。

　当時のパンプトン・コートの植物購入の記録に、スミレやプリムローズがあるという。バラ、ニオイアラセイトウ、ミント、ビジョナデシコ、その他も使われた。植物は、区画の縁取りにも用いられたらしい。区画の中それぞれに、真鍮製の日時計がひとつ置かれた。日時計は少なくとも一六三〇年まであったとされる。

　ご内庭の中心線として広い散策路がとられ、宮殿からテムズ川へ向かう方向に走っていた。中心線で二分された庭の左右に正方形の区画がそれぞれ一〇という配置であった。左に五区画づつ二列。右もまた五区画二列である。区画は柵で囲われていた。柵を取り付けるために、一八〇本の柱、九〇本の支柱が使われ、柵は総延長で八五〇メートルに及んだ。これがすべて、白・緑の縞に塗られていた。チューダー王朝の色である。ご内庭の広さは、縦三〇〇フィート（九一メートル）、横二百フィート（六一メートル）。縦長である。

この庭には、トーピアリ（装飾刈込み）も沢山あった。生垣のサンザシあるいはローズマリーが、様々な男と女、たとえばバスケットを持った侍女、鹿、ウサギ、犬と言った動物、ケンタウルスのような想像上の怪物の姿に刈り込まれていた。これも見物のひとつであった。一五九九年「余所にないすばらしいもの」と、ドイツからの訪問者が称賛している。

庭を上から見るには、周囲の土手風の散策路から見下ろすのもよかった。少なくとも東西は歩廊になっていたので、雨風から身を守ることができた。庭面に降りたって、中を歩くのもまた良く、薬草や花の香りが楽しめたであろう。土手を支える壁には、リンゴやなし、スモモの木が、平たく張り付けてあり、季節により、花や果実の色を楽しむことが出来た。ちなみに果樹が平たく張り付けてあるのは、太陽の光を効率よく浴びるためであった。

庭の先にはテムズ河が流れていた。ヘンリー八世の時代にはこの庭にはおもに水路でやってきた。

「小丘の庭」は、眺望のために小丘をもっていたので、こう呼ばれた。小丘はテムズ河に近いところにあり、螺旋の小径で頂に登った。そこには、宴亭があり、見事な噴水が中央に置かれていた。

噴水は、イタリア・ルネサンスの庭園で発達したもので、イギリスにはフランス経由で入ってきた。如何に立派な噴水を設けるか。当時、噴水はたいそう重視され、庭園の格の決め手の一つになっていた。

宴亭に上る螺旋の小径はローズマリーやその他の灌木に縁取られていた。バラやアイビー、サンザシなども使われ、華やかであった。小径は階段になっていた。階段には王と王妃を象徴するライオンなど木製の動物が並んでいた。宴亭の屋根はドーム型に造られ、その上に風向計を乗せていた。宴亭からの眺望は優れ、庭を囲む高い壁を越えて、テムズ川を見、東の「外苑」に目を馳せ、さらに遠く田舎の風景を見晴らすことができた。

なお、大壁と呼ばれたテムズ川との仕切壁には窓が切られ、そこから庭の内外を眺めることが出来た。また、東南の角付近では、壁の上に大小の塔が立ち、ここから眺望することもできた。小丘は円錐形で、基部には大きな煉瓦造りの室があった。当初は厨房で、後にぶどう酒蔵に転用された。

「池の庭」はご内庭の西隣りにあり、もとは、あるいは当時も養魚池であった。大中小の三つの長方形の池が並んでいた。ヘンリー八世はこれを装飾的に整備させた。手摺りを回し、その上に柱を立て王と王妃の動物の像を乗せて飾った。全部で四〇体という多数で、龍四体、ライオン七体、グレーハウンド六体、牡鹿五体、一角獣四体。この王と王妃の動物は大壁の上にも多数並んでいた。

パンプトン・コートの宮殿の屋根にも、チューダー王家の紋章動物の彫像が柱の上に据えられて並んでいた。庭にもいたるところ、龍、ライオン、グレーハウンドなどが柱の上に並んでいた。動物は金メッキを施されていたので、太陽の光にまばゆかった。

以上が一六世紀半ばのハンプトン・コートの庭である。三つの庭から出来ているが、全体で一つと構想され、宮殿とテムズ川の間の三角形の敷地に収められていた。三つの庭は高い煉瓦壁で仕切られていた。贅沢で、過度に飾り立てた、ともいえる庭であった。ヘンリー八世による大改修は一五三八年にひとまず終わる。ウルジー枢機卿から召し上げてから九年目のことであった。

北西ヨーロッパでみれば、ルネサンスの庭の先端を行った庭である。そうなったのは、臣下に対して王の威光を視覚的に刷り込もうとした庭だったからである。しかし、今それを忘れてしまえば、眺めるに良く、歩くによく、楽しい庭で、これは王侯貴族の楽しみの庭（pleasure garden）であったことがよく想像できる。ヘンリー八世は、健康な空気、狩猟の楽しみを求め、ここへやってきた。

次のエリザベス女王は賢明にも庭作りに国庫の財を注ぐことをしなかった。

一七世紀に入って、この庭が変わるのは、チャールズ一世（在位一六二五～一六四九）の時である。二〇の正方形に区切られていたご内庭が流行の四つ割のデザインに変わる。一六四〇年代の始め頃といわれる。四区画とも芝生を基本とし、四つ割の中心（同時に庭全体の中心になる）には噴水が置かれた。ある外国人はこの庭造りを「イギリスの流儀」といったという。ご内庭を挟むように東に歩廊、西に四阿が設けられた。四阿との名であったが、一種の歩廊で、二列のクマシデの並木でできた緑のトンネルである。

一般に、この種の広い四つ割の庭は、チャールズ一世の頃から一七世紀の後半、さらに次の世紀の初め一七一〇年代までに見られたもので、芝生の四つ割を基本とし、庭全体の中央に噴水か彫像を置いた。そして、それぞれ四つの芝生の中央にも彫像を置き、多くの場合、芝生の縁を花で飾った。あるいは鉢植えか樽植えのオレンジの木を夏の間だけ温室から出し芝生の縁に据えた。テラスも構え、階段あるいはグロットを設けることも多かった。階段やグロットは中心の軸線上に置かれた。たとえば、ロンドン近郊のハム・ハウスでは、館裏にテラス、そこから庭に下りる階段がある。このような庭のデザインを「イタリア風」と呼ぶ者もいた。イタリアに学んだイニゴ・ジョーンズとその一党に由来するデザインであったから。確かに、たとえばフィエーゾレ荘

（一五世紀後半、現存）や、ローマのメディチ荘（一六世紀後半、現存）、ヴァティカン宮殿の中庭（一六世紀後半）などには、広めの四つ割と噴水のデザインが見られる。

クロムウェル（一五九九～一六五八）は王室所有の宮殿と庭を没収・売却したが、ハンプトン・コートは、売却寸前で方針を変え、自分の居所として、ご内庭を立派な噴水、彫像、大きな花鉢などで美化した。王政復古を果たしたチャールズ二世（在位一六六〇～一六八五）は、ここをよく訪れ、愛妾を住まわせた。小さな改修をいくつか施した。栈橋の歩廊を改修し、塔を涼亭に変え、ご内庭と小丘の庭の間の石壁を柵に変えるなどした。この改修に見られるのは、開かれた庭への傾向である。

ハンプトン・コートの庭がもう一度大きく変わるのは、ウィリアム三世とメアリ女王共治（一六八九～一七〇二）の時代である。改修の主な作業は一六九〇年から一七〇二年の間に行われた。「小丘の庭」がなくなり、そこにあった宴亭などすべてのものがなくなり、さらに栈橋の歩廊も取り壊され、さらになお、ご内庭の表土が削られて低くなった。こうしてテムズ川への眺望が開かれた庭になった。同じ四つ割りでもデザインを改め、かつより広くなって新しいご内庭が誕生した。中央には大きな噴水が設けられ、テムズ川との仕切には透かし塀（いわゆるティジューの鉄柵。製作者の名による）が置かれた。庭は、また川に近い部分で半円形に張り出し、円形の花壇が付け加えられた。このようなご内庭の大改修は連続して二回行なわれた。改修を施した庭をすぐまた改修したのである。

ウィリアム三世がハンプトン・コートの庭の改修で助言を求めたのは、オランダ時代からの友人ベンティンクであった、という。ウィリアム三世は、オランダのヘット・ローやホンセラエルディクの庭造りでもベンティンクの助言を仰いでいた。ウィリアム三世は、ベンティンクを伴ってイギリスへやってきた。ベンティングをポートランド侯爵とし、王室庭園の管理官に据えた。ベンティンクの代理としてほぼ全面的に職務を果たしたのがジョージ・ロンドンであった。ご内庭の設計・施工をしたのは、ロンドンの協力者ヘンリー・ワイズであったとされる。

改修後のハンプトン・コートの庭の姿はオランダの画家クニフの絵に捉えられている。

現在、我々がここを訪れて目にするのは、この時のご内庭を復元したものである。復元は一九九二〜一九九五年の間に行われた。復元作業は、考古学的発掘調査、ハンプトン・コートに残る記録、当時の代表的な数冊の造園書、また当時王室の庭を始め貴族達の庭造りを手がけたロンドンとワイズが共同で造った庭園（ロングリート・ハウス、チャッツワース、ブレニム・パレスなど）などを参考にしたという。植物の復元については六三〇種を越える植物を記載した一七〇〇——一七〇〇年作成のリストが手がかりになったという。

ウィリアム三世による改修によって、庭の彫像はかなり減った。ご内庭に置かれた彫像は、まず五つの一六世紀末のイタリアの大理石像。バッカス、ヴィーナス、アポロ、ウルカヌス、パーン、オルフェウスがそれぞれ四つの区画花壇と一つの円形の花壇の中心に置かれた。それに四つの鉛製の像であったから、合計九体であった。庭を飾ったのはこれに加えて二つの日時計、一六の鉛製の飾り鉢であった。

以上が中心の庭園の変遷であるが、現在、ハンプトン・コートの庭として、思い描かれるのは、広い半円形の装飾花壇とそこから放射する長い運河と並木路ではないだろうか。「外苑」と呼ばれてきたこの部分も、チャールズ二世が残したものをウィリアム三世が美化して生まれた。

半円形の大きな装飾花壇は、一六九〇年頃に造られ、複数の刺繍花壇と噴水を対称的に組合わせている。現在見てもきわめて華やぎのあるところである。三〇度の角度で二本の角のように出ている並木路のうち、東北東に向かうのがキングストン・アヴェニューで、東南東に延びるのがディットン・アヴェニューである。中央を真っ直ぐ延びているのはフランス幾何学式庭園に由来する運河（長方形の池）で、左岸にも右岸にも並木が延びる。大きな半円形の装飾花壇と宮殿を分ける路が、「広い散策路」の名で呼ばれる。装飾花壇を設計したのは、オランダ時代以来の建築家・庭師マローとされる。

ウィリアム三世は立憲君主とはいえ、地位を求める宮廷人、権力を求める政治家、公職を求める人々、様々な権利やお金のために請願にやって来る人々、外国の大使になどに取り囲まれた生活を送っていたので、やはりそれまでの王達と同じように、私的空間と安全を必要とした。これに応えるのが、ハンプトン・コートのご内庭であった、という。王がハンプトン・コートの庭の改修に熱心だったのは、ここを主なご用邸としたためでもあった。ウィリアム三世は、ヘンリー八世と同様に、健康な空気、狩猟、そして行きやすいという理由で、このハンプトン・コートを愛した。この時代になると、荷物は水路で運ばれ、人々は陸路、洒落た馬車に乗ってやってくるのが例になっていたという。

ウィリアム三世は一七〇二年、整形庭園的に整備した外苑を騎馬で散策中に落馬して命を失う。所は、運河の先に新しく設けた「野趣園」だったといわれる。

他方、園芸好きのメアリ女王は南国植物をオランダから持ってきて、これを入れるガラス・ケースを、養魚池を干して設けたり、宮殿の一階をオレンジ舎にした、という。オレンジ舎では、オレンジ、レモン、その他の南国の常緑樹を冬はストーブで暖めた。内部にはグロットも設けられた。メアリ女王の希望するこのような改修にもベンティンクが力を貸したものと推定されている。

中世に遡ると、ハンプトン・コート周辺一帯は放牧地であった。ホスピタル騎士団が一三〇〇年より所有し、その館は現在の宮殿の立つところにあった。一四九五年、ヘンリー七世のもとで宮内長官を努めたジャイルズ・ドーブニー卿に賃貸される。卿は館を改修、サンディ・レイン北の農地三百エーカーを囲い込み、鹿の狩猟園にした。現在の外苑もそこに繰り入れられた。そこには兎の飼育場も置かれた。王室の人々も十分広く健康によいとしてパンプトン・コートを数回訪れたという。ドーブニー卿が亡くなって後、一五一四年、今度はウルジー枢機卿に貸し出された。ウルジー枢機卿は宗教界・政界の大物で、当時はヘンリー八世の大法官を務めていた。ウルジー枢機卿は、館の改修、囲壁の工事、堀の掘削など、大がかりな工事をしたといわれる。一五二〇年代の図でみると、館はいくつかの中庭をもつ複合的な姿を見せ、北側に果樹園と推定される土地が堀の内側に見える。堀は三方で果樹園と館を囲み、その外側に狩猟園がある。果樹園を囲むのが内壁、狩猟園を囲むのが外壁であった。

ヘンリー八世は、ウルジーの狩猟園を三つの地域に分けたらしい。まず、果樹園の真北にあたるところを「大果樹園」とし、リンゴ、ナシなどの果樹のほかに、樫、楡、西洋ヒイラギ、ナナカマドなど果樹以外の樹もたくさん植えた。果樹園の概念は現在とは異なり、果樹も含む森林部であった。この西の区画を、馬上槍試合や弓、その他さまざまの武術の試合を行う「武芸場」とし、本人も参加しておおいに武芸を楽しんだ。あるいは優れた武人であることを臣下に印象づけた。大果樹園との仕切壁の上には、武芸を見物する塔が五つ設けられた。この仕切壁も例のチューダー王朝の紋章動物で飾られた。

狩猟を楽しむ場所は、大果樹園の東側にとられ、当時は「鹿追の場」とよばれる横長の土地であった。一マイルの長さと三六〇ヤードの幅を持ち、やはり壁で囲われた。外苑の北半分といえばよいか。あるいは現在、ハンプトン・コートの目玉のように見られる半円形の装飾花壇と放射する並木路がある部分のちょうど北半分といえばよいか。

ヘンリー八世の設けた鹿追の場も含めて、宮殿東隣りの地域にチャールズ一世は何程か美化の手を加えようとしたが、途中で中止され、ロングフォード川の流れが変えられただけに終わったとされる。いま、宮殿の東の線に沿う真っ直ぐな流れとして残されている。王政復古のチャールズ二世は、おそらく亡命中に見たであろうヴェルサイユ宮殿の庭にあるような長い運河を設け、両岸に楡の並木を植えた。運河の長さは三分の四マイル（一二〇七メートル）で幅は一五〇フィート（四六メートル）あった。運河の始まる所には半円の並木を設け、そこから出る二本の角のような並木も加えた。整備の目的は、一六六一年ポルトガル女王の長女キャサリンを王妃に迎えるにあたり、王妃の室からの眺めを格段と良くするためであったといわれる。デザインをしたのは、有名なフランスの庭師アンドレ・モレともいわれるが、立証されていない。

ヘンリー八世の武術の場が「菜園」になり、宮殿の台所をまかなうものとなったのも、大果樹園が「野趣園」に変えられたのもともにウィリアム三世時代である。野趣園の中には迷路も二つ造られ、一つは現在も残されている。芝生の迷路のほうは復元されていない。

なお、ウルジー枢機卿以来、館のすぐ北にあって果樹園として使われてきた所は、現在「メロン畑」と呼ばれているが、これもウィリアム三世とメアリ女王の時代に遡る。メアリ女王は植物マニアであったから、ここに暖床を作り、南アフリカや東インド諸島からもたらされる植物の種を蒔いて育てた。キュウリ、カボチャ、メロンもここで育てられた。現在もメロン畑とよばれているが、訪れた者が楽しむのは一面のバラである。

参考文献

1 *The Renaissance Garden in England*, Roy Strong, Thames and Hudson, 1979

2 *The King's Privy Garden at Hampton Court Palace 1689-1995*, Simon Thurley (ed.), London, 1995

3 *The History of Hampton Court Palace Gardens*, Anthony Boulding (ed.), Hampton Court Palace.

第3章　歴史をかえりみる

コロニアリズムと近代歴史学
――植民地統治下の朝鮮史編修と古蹟調査を中心に――

李　成市

はじめに

黒板勝美（一八七四〜一九四六）は、日本古文書学の体系を樹立し、『大日本古文書』の編纂や『新訂増補　国史大系』の校訂出版に努め、古文書や古典籍の出版と普及に大きな足跡を残した。その一方で、たとえば、独力で日本古文化研究所を創設して藤原宮跡の発掘調査を指導するなど、文化財の調査や保存においても指導的な役割をはたしている。それ以外にも日本史学にとっての功績は多方面にわたり、東京帝国大学国史学科の教授としての三〇年以上におよぶ研究・教育活動と併せて、近代日本史学にとっての黒板の占める位置はきわめて大きなものがある（参考文献1を参照、以下、参―1のように記す）。

その黒板が、四〇代前半から晩年にかけて最も力を注いだ仕事に『朝鮮史』編修と朝鮮古蹟調査事業があった事実は、それほど知られていない。あるいは、彼の多方面にわたる業績のほんの一部のように考えられているに過ぎない。ところが、黒板が精力を注いだ『朝鮮史』編修と古蹟調査事業の二つは、中村栄孝の言葉をかりれば、「その趣旨からいっても、その成果からいっても、永遠に記憶される」朝鮮総督府の文化事業であったと言われ、戦後においてすら日本人の自負と自賛の対象となった。黒板は、植民地下の朝鮮において、このような一大国家プロジェクトに積極的に関与し、「創意にみちた企画や旺盛な実践力を持って」、計画立案から完成に至るまで終始一貫、みずから陣頭に立って事業の指揮をとったのである。

例えば、一九一六年におよぶ朝鮮史編修における黒板の活躍の一端は、次のように伝えられる。「春・夏の休暇はもちろん、歳末・年始の休日にさいしても、機会あるごとに朝鮮に往来し、予算の折衝にあたり、編修の企画を指導し、事業の進行を督励し、時には往来の車中において、総督・総監らと行をともにして、詳細に経過を報告し、将来の計画を議」した、という。ここからも、『朝鮮史』編修は、総督府における最大規模の事業であるばかりか、黒板にとっても、あまたある活動の中にあって、どれにもまして情熱を傾倒した事業であったことがうかがえるであろう。

また、朝鮮古蹟調査においても、黒板の活躍には目を見はるものがある。すなわち、一九一六年の古蹟調査委員会発足と同時に、中心的な役割をはたし、さらに一九三一年に、財政緊縮政策

（宇垣一成総督）によって古蹟保存事業が困難に陥いると、黒板の創案により、博物館の外郭団体（朝鮮古蹟研究会）を創設して外部資金を導入することで、調査を継続させ、同研究会が一九四五年に至るまで総督府の保存事業を実質的に担った事実が伝えられている。

このような黒板の植民地・朝鮮における精力的な活動を追ってみると、一体、黒板をして、朝鮮史編修と古蹟調査事業に向かわせた動機や背景は何であったのか。それは、彼の歴史学にとって、どのような意味があったのか。あるいは、彼が生きた時代の日本歴史学といかなる関係があるのか。あるとすれば、それは、現在の日本歴史学にいかなるかたちで生きているのだろうか。そのようなことを考えざるをえなくなるのである。

そこで本稿は、まず朝鮮史編修と古蹟調査について、黒板の関与の仕方を通して、これまでとは異なる視角から朝鮮史編修と古蹟調査の性格を明らかにしてみたい。さらに、そうした事実を踏まえて、それが日本の植民地支配政策に止まらず、近代日本の歴史学にとって、どのような意味があったのかについて検討してみたい。

一　『朝鮮史』の編修と黒板勝美

『朝鮮史』の編修事業は、一般には一九二二年における「朝鮮史編纂委員会規定」の発布をもって開始され、一九三八年の朝鮮史の全冊刊行が終了した一六年間の事業を指す。しかし、朝鮮史編修の起点は、さらに遡り、一九一六年に総督府中枢院で着手された『朝鮮半島史』にあったことは周知の通りである。(参—2)

この『朝鮮半島史』編纂事業は、一九一五年五月に、旧慣制度調査が参事官室から中枢院に移管された際に、朝鮮史の編纂が中枢院事務の第一に掲げられ、旧慣調査のなかでも重要事業として再確認されたことが編纂の契機となった。その編纂意図について、小松緑(中枢院書記官長)は、おおよそ次のように述べている。すなわち、従来、朝鮮に正確な準拠すべき歴史書がなかったので、現在の立場から、冷静な態度で、虚心坦懐、歴史上の事実をただ善意に記述して、唯一の完全無欠の朝鮮史を編纂することにあるという。

これは、一九一六年一月における修史事務の担任(賛議および副賛議)に、辞令を交付する際に述べた「挨拶」だが、後に触れるように、その具体的な編纂の意図は勿論別なところにあった。それはともかく、この後、三月に三浦周行(京都帝国大学教授)、今西龍(同講師)とともに、黒板勝美(東京帝国大学助教授)が嘱託として、この事業に加わることになる。黒板が朝鮮の修史に関わった最初である。

黒板がいかなる事情で、いかなる考えをもって、この事業に加わったかは、直接知ることは出来ないが、この年七月に寺内正毅総督の「朝鮮半島史編纂要旨」は、この点を知る上で参考となる。「要旨」によれば、小松の挨拶よりさらに具体的に次のように述べている。

すなわち、当時、朝鮮内外において、現代との関係を欠く在来の古史に依拠して独立国の夢を追想する著作や、『韓国痛史』のような併合を批判する書籍が出まわり、人心を動揺させている。これを絶滅させようと禁圧すると、むしろ勢いづけるので、公明的確な史書を作製して、こうした動きに対抗するのが近道であり、これが半島史編纂の理由である、という。さらに、半島史編纂の主眼は、第一に、日本人と朝鮮人が同族であることを明らかにすること、第二に、古代より時代を経るにしたがって疲弊・貧弱に陥ったことを述べ、併合によって朝鮮人が幸福を全うするに至った点を論述することにある、と明記している。

言うまでもなく、寺内が批判の対象としているのは、一九世紀末より二〇世紀初の開化期に刊行された、檀君を積極的に論じた民族精神を鼓舞する史書や、朴殷植の『韓国痛史』などを指すのであるが、これによって、朝鮮民族の立場からの起源や、日韓合併の不当性を記した歴史書の普及に総督府側が危機感を募らせ、それが朝鮮史編纂に向かわせる契機になったことがわかる。

ところで、このような朝鮮史編纂に嘱託として関わった黒板が、始めて朝鮮を訪れたのは、半島史が着手される一九一五年七月に先立つ、その年春のことであった。黒板自身の言葉によれば、三ヶ月ほど忠清道、慶尚道、全羅道の地勢を調べて回り、その後、さらに平壌や他の地域をも見て回ったという。旅行から六年後の講演においては、この旅行が、沖の島をめぐる朝鮮と日本の文化的交渉に関心を持ったことによることが強調されているが、旅行の時期が『朝鮮半島史』編纂の計画時期と重なることからみても、黒板の言葉をそのまま信じるわけにはゆかない。（この調査が東京帝大総長の命によるものであったことは『黒板勝美先生遺文』参照）

その他にも、黒板はこの講演で、朝鮮の文明の起源が平壌地方にあること、そこに中国文明が最初に移植されたこと、それらの余波で一部の人々が朝鮮半島から日本列島へ駆逐されざるを得なかったこと等を述べることによって、日本の民族的起源が朝鮮にあることを強調している。さらに、日清、日露戦争の経緯を述べ、併合によって朝鮮国民が真に完全なる独立国民となったこと、さらに日本に依拠しつつ開化発展の必然性が述べられている。改めて指摘するまでもなく、これは『朝鮮半島史』編纂の目的そのものに沿った内容である。黒板が、総督府の施策に積極的に荷担する史論を展開していたことに注目したい。

『旧慣制度調査事業概要』によれば、『朝鮮半島史』編纂は、その後、資料蒐集に年月を要し、予定通り進まず延長され、さらに職員転出、死亡などがあって一時事業が中絶したという、たまたま一九二二年に中枢院内に新設された朝鮮史編纂委員会の事業が伸展したため、一部事業を統一した後、一九二四年末には事実上、事業打ち切りとなったと記している。これを見る限り、単なる、事業上の変遷を述べるにすぎないが、関係者の言葉によると、この間の事情は決して単純ではなかったことがうかがえる。

すなわち、中村栄孝によれば、小田省吾（学務局編輯課長）らが時代別に調査執筆を進めるなかで、資料蒐集に予想外の困難があったため計画が延長されたが、結局、完成できなかったのは、三一独立運動を契機にした統治政策の転換にあったであろう、というのである。

このような情勢のもとで一九二二年一二月に朝鮮史編纂委員会規定が公布され同委員会が成立する。ここに至り、朝鮮史の編纂と朝鮮資料の蒐集を目的とする修史事業が、組織的に行われるようになったのである。

停滞していた『朝鮮半島史』編纂とは別途に、この新規の事業を計画したのは、やはり黒板であった。黒板はこの年六月に政務総監として赴任してきた有吉忠一とは同窓の友人であり、有吉を介して総督が自ら黒板に要請し、これをうけて、黒板が組織に関する献策を行い、具体的な事業計画の立案、担当者の人選、編纂の綱領に至るまで関与したことが知られている。

さらに一九二四年末には、二年間にわたる実績をふまえて、より国家事業としての規模を整え、権威ある組織を確立するため、新たな官制を企画し、朝鮮総督の管理に属する独立の官庁が設置された。一九二五年六月の朝鮮編修会官制の公布である。この組織確立の構想は、有吉政務総監時代に始められ、黒板が新総監の下で実現させたものであった。黒板は就任直後で政務多忙の新総監と、様々な機会に会談し、自らその旨をうけて中央政府との折衝にあたり、ひたすら計画の実現に努力したという。

ところで、朝鮮史編修は一九二二年から一九三八年まで、九八万円（総督府庁舎の総工費は六七五万円といわれている）の予算が注ぎ込まれたが、年度予算は増額の一途をたどっていた。事業の延長と経費の増額による膨大な予算が認められたのも、黒板が常に事務担当を督励し、自ら陣頭に立って指揮を怠らず、予算折衝を行ったためであった。

こうした朝鮮史編修の重大な転換点が一九二五年にあったことになる。中村栄孝は当時を回想して、朝鮮史編修には特殊な政治的意図はなかったというが、内藤虎次郎（湖南）の推薦で編修の主任（修史官）として実務の中心的役割をはたした稲葉岩吉は当時、次のように述べている。

すなわち、檀君信仰は、最近の提唱によって急速に発展し、かつて省みられなかった朝鮮史研究は朝鮮人の間で大きな勢をなしている。今や日韓同源論などですまされなくなつたので、朝鮮総督府は、積極的に朝鮮史編纂を計画し、この情勢を正しく導き、錯覚のないように努める時期を見はからい、ここに朝鮮史編修会の公布を見たのであって、それが大正一四（一九二五）年夏のことである、と言っている（参—3）。

この言葉に見られるように、寺内正毅による「朝鮮半島史編纂要旨」（一九一六年）以来、その編纂目的は、終始一貫して変わっていないのである。総督府側から見れば、状況が悪化したので計画を修正し、組織を再編強化したというところが真相に近い。

朝鮮史編修会における檀君の位置づけをめぐる日本側と朝鮮側委員との論議は、あまりによく知られた事実だが、それが総督府側の編纂目的に関わる最重要課題であったために、当然のことながら、黒板は稲葉らと共に、朝鮮側委員の議論を封圧することに努めた。その経緯は『朝鮮史編修会事業概要』に見られるとおりである。

以上述べてきたように、朝鮮総督府の朝鮮史編修事業は、当初より黒板が参画し、その後の編修事業の拡大、組織化が計られたが、それらは全面的に、黒板の計画立案に依るものであった。その編纂の目的は、日本・朝鮮の同祖同源の強調と、植民地支配の正当化にあったが、黒板はこの目的に沿って、一九一五年の半島史編纂以来、参画し、編修事業を中心になって最後まで事業推進の役割をはたしたのである。

二　朝鮮古蹟調査と黒板勝美

朝鮮史の編修と並んで総督府が重視していた文化事業に古蹟調査がある。この事業もまた、日本人の自負と自賛の対象となった。藤田亮策は、朝鮮総督府の古蹟調査保存事業は、朝鮮半島に遺した日本人の最も誇るべき記念碑の一つであると断言して憚らない、とまで記している。

こうした総督府の古蹟調査と保存事業は、すでに統監府時代（一九〇九年）において開始しており、度支部が関野貞を招聘して、朝鮮半島全土の古建築調査を委嘱したことに始まる。翌年一〇月に総督府が開設されると関野の古建築・古蹟の調査は、内部地方局第一課の所管として一層強化され、その後、一九一三年に基礎調査は完了した。

これとは別に、一九一一年から総督府内部学務局の事業として、鳥居龍蔵に人類学・先史学の調査研究が委嘱された。関野の研究に欠けている人種的・民族的調査および石器時代の調査を補う意味があったという。

藤田亮策によれば、以上の関野、鳥居による調査は、寺内正毅の計画、発案であったという。とりわけ寺内について注目されるのは、関野の調査に基づいて、大冊で重厚な装丁からなる図録『朝鮮古蹟図譜』の刊行を計画したことであって、一九一六年には四冊が刊行された。このことの意味については次章で述べることにする。

次いで総督府は、上で述べた関野の古蹟調査事業と鳥居の史料調査事業を併せ、一九一六年四月をもって、総務局内に移管し、総督府博物館に統合管掌させた。総督府博物館は一九一五年に景福宮内に美術館として建てられたものを引き継ぎ、同年末に開館したものであった。また、一九一六年の七月には、「古蹟及び遺物保存規則」を発布し、古蹟調査委員会を組織した。

この「古蹟及び遺物保存規則」で注目すべきは、これが日本における最初の史蹟保存法であり、内地に先立って植民地朝鮮で施行されたものであった点である。日本（内地）では一九一九年に

「史蹟名勝天然記念物法」が公布され、同保存委員会が内務省に制定されるが、朝鮮で施行された「古蹟及び遺物保存規則」と古蹟調査委員会の制定は、三年早く日本に先駆けて実施されたものなのである。そして、「史蹟名勝天然記念物法」がかねてより黒板の主唱していた内容に大部分従っていることからすれば、黒板の保存法に関する提言が、まず植民地朝鮮で実施されたことになる。

しかも、これによって、朝鮮における古蹟の調査は、総督府自らが行い、保存管理の行政事務も全て、博物館（総督府総務局所属）に行わせる点で、日本で「最初の統一的文化行政」となった。要するに、古蹟の保存・工事の実施から、法令による指定・禁止の事務に至るまで、統一的に博物館（総督府）が管理することになったのである。

このように、一九一六年は、古蹟調査事業にとって重要な転換期であったのだが、この時においても、黒板の果たした役割は無視できない。まず、保存法は、すでに述べたように黒板が一九一二年以来、提唱していたものであり、しかも黒板の最も強調した点は台帳法の採用であった。すなわち、黒板はドイツの実例を引きながら、台帳法の採用は多くの手数と労力を要するものであるが、保存事業の第一歩であり、不可欠であることを強調していたのである。まさに「古蹟及び遺物保存規則」には、黒板の主張が、そのまま取り入れられている。それだけでなく、八条中の五条は、台帳に基づく規則となっており、「規則」そのものが台帳法を骨子としていることは歴然としている。

さらに、総督府博物館が文化財の保存管理をも担当するようになった点についても、黒板がかねてより強く主張していたものであり、その後も日本国内に向けて、その施行を促す発言を行っている。いずれにしても、一九一六年における古蹟調査事業の転機となった法制上の整備や事業の組織化が、古蹟調査委員として参画した黒板の計画・立案に基づくものであることは間違いない。

その後、古蹟調査事業は、一九三一年に宇垣総督時代の財政緊縮政策によって諸事業が停滞するなどの難局をむかえる。最初に述べたように、黒板はこの事態に際して、博物館の外郭団体（朝鮮古蹟研究会）を作り、外部から調査資金を集め、学術調査の継続と、総督府の保存事業を実質上支えた。そして一九三一年から一九四五年までの古蹟調査は、実際上、朝鮮古蹟研究会の事業であったといわれている。

これらの施策は、全く黒板の個人的な努力によるものであり、黒板は自ら宇垣総督、今井田総監に具申して、これを実現させている。朝鮮古蹟調査報告一〇冊、朝鮮古蹟図譜五冊、朝鮮宝物古蹟図譜二冊の刊行もまた、朝鮮古蹟研究会の援助によるものであった。

朝鮮古蹟研究会は、一九三一年に平壌と慶州に研究所を置き、楽浪文化と新羅の古文化研究をおこなわせたが、この研究所の研究員人事に至るまで黒板が関与していたのである。すでに前章で見たように黒板は、朝鮮史編纂事業の計画立案とその推進を積極的に行っていたが、それと同時に、古蹟調査事業にも全く同様の役割をはたしていたことになる。

それでは黒板が古蹟調査に向けた情熱は、どこに由来しているものなのであろうか。その事業は何を目的としたものなのだろうか。こうした疑問に対する手がかりは黒板自身の発言と行動からもうかがえる。

たとえば、黒板は古蹟調査委員として一九一六年に黄海道・平安道の調査(『大正五年度古蹟調査報告』)を行っているが、その成果を一般向けに述べた「大同江付近の史蹟」(一九一六)の中で「朝鮮の歴史の出発点」がどこであるかを、自らが行った調査に関連づけて問題にしている。そこでは結論的に、それは中国文明をいち早く受容した平壌であり、また、この地に中国文明が及ぶことによって民族の移転、動揺がもたされたと、日本民族の起源にも波及することが示唆されている。さらに歴史の起源に関わって、檀君について述べながら、それが最新の信仰であると簡略に否定している点でも、すでに述べた一九二一年の講演(「朝鮮の歴史的観察」)に近似した内容となっている。

この論文で特に重要な点は、関野貞の古蹟調査(『朝鮮古蹟図譜』)を引きつつ、考古学的にも楽浪遺蹟のある平壌が最初の中国文明受容の地であり、それが朝鮮の歴史の出発点であることを強調しているところである。というのも、黒板は、一九二三年の第一回朝鮮史編纂委員会で、

「歴史はいつに始まりいつに終わるかということを書くのが最も必要である」ことを力説し、朝鮮側委員の檀君朝鮮、箕子朝鮮の位置づけに関する質問を稲葉とともに封圧しているのだが、黒板にとって古蹟調査は、単なる遺蹟の調査保存にとどまらず、朝鮮史編修を補完する重要な事業であったことが、ここからうかがえるからである。

しかもこの点は、朝鮮史編修の中心を担った稲葉が、「朝鮮史研究の過程」（一九三五）の中で、次のように述べていることからも裏づけられる。すなわち、近年、考古学上の探求が行われ平壌の楽浪及び高句麗の遺蹟であるとか、慶州の新羅遺蹟などの調査が継続して行われ、その結果は朝鮮史の体系を培養するのに一段優れている、というものである。古蹟調査が重視した平壌、慶州の調査は、朝鮮史編修が重視した「歴史の起源」問題に考古学上の根拠を与えるものでもあったのである。

三　黒板勝美の古蹟保存政策とその背景

黒板は誰よりも、朝鮮総督府が実施した朝鮮史編修と古蹟調査の事業に力を注いだ。すでに述べたように、二つの事業は、総督府にとって朝鮮支配の正当化に不可欠であると認識されていたからであり、黒板はこの目的に沿って、二つの事業を同時に推進した。朝鮮史編修と古蹟調査は、いわば車の両輪の関係にあったのである。そこで注目したいのは、朝鮮史編修と補完関係にあった古蹟調査についてである。

前章で述べたように、黒板の朝鮮における史蹟の調査保存に関する施策は、常に日本（内地）に先立って大胆に展開された。黒板は、日本国内において、いち早く文化財の保存管理について様々な提言を行っていたが、それらは、まず植民地朝鮮で実施された後に、日本でも実行され、さらに戦後の文化財保護法にも生かされた。こうしたこともあって、従来、総督府の古蹟調査事業は、賞賛の対象とすらなり、前章で引用した藤田亮策のような善政の象徴のように語られてきた。

また、黒板の「その地のものはその土地へ」という現地主義や、朝鮮の文化財を朝鮮国内に保存、展示したことなどをもって、朝鮮と朝鮮人に対して永久に誇りうる文化政策であったとさえ言われたことがある。

しかし、そうした見解は、黒板の古蹟保存政策の背景となっているものに対する知見を欠いた一面的な評価というべきである。黒板の文化財保存に関する数多くの提言を見てみると、それらは、必ずヨーロッパ諸国の政策がその前提にある。実際に黒板は、一九〇八年から一九一〇年にわたる二年間の旅行において欧米諸国をくまなく国情を視察しながら、各国の大学研究室、図書館、博物館、文書館を調査し、併せてイタリア、ギリシャ、エジプト各地の古代遺跡を踏査研究した。黒板の提言は、ほぼこの時の体験が下地にあることは、「西遊二年欧米文明記」「埃及に於ける発掘事業」を見れば明らかである。

それを通して黒板が、イタリア、ギリシャ、エジプト各地における大規模な発掘・調査・保存の実状をよく観察し、文化財の保存と美術館、博物館の組織をいかに精査していたかがわかる。黒板は、それらの現状を記す目的を、日本の学者たちに発掘事業や保存事業に対する注意を喚起し、その参考にしたいがためであると自ら述べている。また、それらは黒板の推進した事業で実現されたものが少なくない。

ここで注目したいのは、黒板のそれらに向けられた眼差しである。たとえば、エジプトの発掘保存事業を論じる際には、エジプトにおけるフランスからイギリスへの支配関係交代が発掘調査にどのような変化をもたらしたかを冷静に観察している。またギリシャにおいても、イギリス、ドイツ、フランス、アメリカなどの列強が争って発掘事業に従事していることに強い関心を示している。

要するに、黒板はこの二年間の旅行で一九世紀以来の植民地考古学を徹底して学んでいたのである。B・アンダーソンの言葉をかりれば、当時の植民地国家は、「きわめて直截なマキャベリ的・法的理由から、過去に、征服と同じくらい愛着をもつ」ようになっており、遺蹟は、「博物館化され、これによって世俗的植民地国家の勲章として新しい位置をあたえられ」ていたのである（参—4）。黒板は、欧州旅行を始めとして、その後も東南アジア各地の調査を行っているが、それらの旅行を通じて、植民地列強が自国において、あるいはエジプトやギリシャ、東南アジアで、一体何をどのように行っていたかを、目の当たりにしたのである。

そもそも、列強諸国にとって一九世紀のはじめには文明の遺跡は何ら関心の対象ではなかった。しかし一九世紀の半ばを過ぎると、彼らによって古代の遺跡が次々に発掘され、測量され、写真に撮られ、分析され、それらは展示されたのである。この過程で植民地国家の考古学部門は強力で、権威のある機構となり、そこには有能な学者が配置されていった。例えば、当時の列強がアジアにおいて次のように、ほぼ同じ時期に同様の動きをとっている。

一八九八年　ベトナム　フランス、極東学院設立
一八九八年　インドネシア　オランダ（東インド会社）、インドシナ博物館・史跡課設立
一八九九年　ミャンマー　イギリス、考古学課設立
一九〇一年　インドネシア　オランダ（東インド会社）、植民地考古学委員会設立
一九〇七年　シャム　フランス、アンコール管理事務所設立

ところで、アンダーソンに依れば、当時、植民地国家にとって、遺蹟の建設者と植民地の原住

民とは、同じ人種ではなかったと考えられていたという。例えば、ミャンマーにおいては、長期の衰退の歴史が想定され、原住民は現在では彼らの先祖が成し遂げたような偉業を成就する能力はないとされた。遺蹟が復元され、その周辺と併置されることによって、原住民に対して、長期にわたり偉業を成す能力も自治の能力も欠いてしまったことを告知する役割を果たしたというのである。

そのような理解があれば、黒板や寺内たちが古文化財を現地に保存することに固執した理由がどこにあったかが判明するであろう。植民地で発掘された古代の遺跡や遺物は、絶対に植民地になければならないのである。

こうした黒板の文化戦略は、現代美術の分野でも応用されていた。藤田亮策によれば、黒板は、「篠田(治策)李王職長官との談合」によって、徳寿宮に建立された李王家美術館に、明治初年以来の日本の絵画・彫刻・工芸の近代芸術作品を余すところなく、入れ替え引き替え陳列し、この展示は一九三三年から一九四三年まで継続したという。その目的は、「朝鮮在住者の美術意識を高め、近代芸術に直接して豊かな生活に誘因する」というものであった。こうした大胆な活動が、朝鮮史編修や古蹟調査の事業と密接に連関していることもまたいうまでもないことである。

すでに、遺蹟が世俗的植民地国家の勲章としての新しい地位を与えられたことに言及したが、大量の技術的に優れた考古学的報告書が作製されることで、その勲章は無限に、日常的に、複製され、それが国家の力を示すことにもなった。当時、考古学は、複製技術の時代に成熟し、極めて政治的なものとなっていたのである。総督府の古蹟図譜や古蹟調査報告の入念な編纂は極めて重要な意味をおびていたのである。

藤田亮策によれば、寺内総督は、朝鮮古蹟図譜をすべて秘書官室に保管させて、内外の賓客に自ら署名して贈り、特に各国領事や外国の知名人には努めて広く贈ったとされるが、それが何を意味していたかは、もはや述べる必要がないであろう。勲章は外国にこそ認知されなければならなかったのである。

日本もまた一九世紀末以来の帝国主義の潮流のなかで、植民地国家が歴史（考古学）と権力を想像したその特有の想像の仕方を注意深く観察し学んだのである。黒板は誰よりもこのことを熟知し、それを植民地朝鮮でそれを実践したといってもよいであろう。

おわりに

これまで述べてきたことをまとめれば、次のようになるであろう。まず第一に、黒板が総督府における朝鮮史編修と古蹟調査保存との二つの事業の計画立案・推進に対して、最も中心的役割を果たしていたこと、第二に、その二つの事業は補完的な関係にあって、当初より一貫して日本の植民地支配の正当化を目的としておこなわれていたこと、第三に、黒板は、二つの事業のみならず他にも、植民地支配政策としての文化事業にも積極的に荷担していたこと、第四に、それらの事業は、黒板がヨーロッパ諸国で直接見聞して学んだ一九世紀末二〇世紀初の植民地国家の歴史学（考古学）が下地にあることなどを論じてきた。

黒板という一人の歴史家を通して、朝鮮史編修と朝鮮古蹟調査保存の二つの事業を検討してみると、いわゆる文化事業に対して、従来論じられてこなかった一面が浮かび上がってくるのではないだろうか。それは同時に、近代日本の歴史学がもつ一側面でもあると思われる。すなわち、近代日本の歴史学は、いち早くドイツを中心とするヨーロッパの歴史学を学んだが、その歴史学が日本の植民地支配において徹底的に利用されたことである。日本が植民地朝鮮でおこなった朝鮮史編修と古蹟調査保存の事業は、一九世紀末のヨーロッパ諸国における歴史学研究の動向をぬきにしては論じることは出来ない。

本稿では、黒板が注目したヨーロッパ諸国の考古学についてのみ言及したが、黒板が朝鮮史編修で駆使した作業手段である古文書学、文献学は、まずドイツ語圏で一九四八年に、その他の国では一八七〇年以降に完了したとされる歴史叙述の科学化と制度化の基本原理であった。そもそも、ヨーロッパでは一八七〇年以降、歴史学の職業的専門化がドイツをモデルとして驚くべき速度で進行し、全ての国の歴史家たちは、具体的な研究方法の重要な要素をドイツから導入していた（参―5）。

このヨーロッパにおける一九世紀の科学化は、一見矛盾しているようであるが、歴史のイデオロギー化と結びついていた。ここで言う歴史の科学化は、決して政治的中立の意味での客観性を意味するのではなく、歴史学はナショナルな性格をもつものや、市民的な性格をもつものに積極的に奉仕する方向に向かっていたといわれている。近代日本がモデルとしたヨーロッパの歴史学は、国民的和解と愛国主義的動員の手段としての性格を色濃く帯びていたのである。

黒板自身、欧米における史学界の趨勢を視察し、常にそのような眼差しでヨーロッパ諸国の歴史学界の動向に深い関心を寄せている。そこには一貫して国民教化のための歴史学が追求されていた。こうした点を踏まえて、次のようなことが導き出せるのではないだろうか。黒板が二つの事業に積極的に関与した個人的な動機として、黒板がモデルとした当時のヨーロッパの歴史学を、植民地朝鮮で実験し、試行し、あるものは洗練したうえで日本で本格的に展開する意図があったのではないかということである。

すでに述べたように、古蹟や名勝記念物に関する保存規則や、保存令は、黒板の主張通り策定され施行されたが、それらは内地に先だって施行された日本最初の「優れた」法令（施策）であったと後世の考古学者たちに評されている。黒板にあっては、植民地朝鮮は手続きを踏まずに、直接総督以下の責任者との談合によって、自らの学問的信念を試行できる恰好の場であった。

さらに黒板は発掘調査した遺物を、各地の博物館に陳列し、膨大な図録、報告書の作製にも尽力したが、それらを作製することは、それらを支配すること、それに対して権威を及ぼすことにほかならない。過去にあったものを分割し、配置し、図式化し、索引化し、記録して、その対象を知るということは、それを知っているように存在させるということであった（参―6）。つまり、そのような営み自体が朝鮮という植民地の時間と空間を支配することを意味していたのである。黒板が朝鮮史編修と古蹟調査報告に込めた独自の意図はこうしたものであったと考えられる。

しかも留意すべきは、その果実は、決して植民地朝鮮にのみ適用されたわけではなかったことである。黒板は、そうした手法を日本にもそのまま駆使しており、その例として藤原京跡発掘をあげることが出来るが、それは、黒板の遺蹟に対する表象的効果を前提にしなくては理解できるものではない。

近年、日本において或る雑誌において考古学の動向に関する特集が組まれ、そこでイスラエル、ナチスドイツ、中国、北朝鮮などの国々における考古学が、いかに領土問題を始めとする国家イデオロギーに動員されているかが強調されている。しかしながら、戦前の日本の考古学がそのような対象にはなっていない。支配の道具としての考古学に対する反省もなく、無自覚でいるために、現在の自己に対する盲点が生じ全体像の把握に困難をきたしているとしか考えられない。それゆえ、植民地時代の歴史学の検証は、現在の日本歴史学のありかたそのものを問うことにもなると思うのである。

＊本稿は、『韓国文化』二三（一九九九年、ソウル大学韓国文化研究所）に掲載した「黒板勝美を通して見た植民地と歴史学」に基づき、このたび一部を改稿し邦文で発表するものである。但し、編集の都合上、注を削除し、かわりに参考文献を付した。

参考文献

1　黒板勝美の一般的な業績とその評価については、黒板博士記念会編『古文化の保存と研究』（吉川弘文館、一九五三年）を参照。本稿に関わる主要著作は『虚心文集』（全八巻、吉川弘文館、一九三九年）、黒板勝美先生生誕百年記念会編『黒板勝美先生遺文』（吉川弘文館、一九六四年）を参照。

2　『朝鮮史』の編集事業については、朝鮮総督府中枢院『朝鮮旧慣制度調査事業概要』（一九三八年）、朝鮮総督府朝鮮史編修会「朝鮮史編修会事業概要」（『朝鮮史』巻首「目録・事業概要」所収、一九三八年）、中村栄孝「朝鮮史の編集と朝鮮史料の蒐集」（『古文化の保存と研究』）、金性玟「朝鮮史編修会の組織と運用」（『韓国民族運動研究』三、ソウル、一九八九年五月）を参照。

3　稲葉岩吉「朝鮮史研究の過程」（稲葉岩吉『世界歴史大系十一　朝鮮満州史』平凡社、一九三五年）

4　ベネディクト・アンダーソン『増補　想像の共同体』白石さや・白石隆訳（NTT出版、一九九九

七年）

5　ゲオルク・イッガース『二〇世紀の歴史学』早島瑛訳（晃洋書房、一九九六年、及びジェラール・ノワリエル『歴史学の危機』小田中直樹訳　木鐸社、一九九七年）

6　エドワード・サイード『オリエンタリズム』今沢紀子訳（平凡社、一九八六年）

忘れてはならぬこと

——松川裁判批判における作家・広津和郎の慧眼——

木下　英夫

はじめに

今となっては、知る人も少なくなってしまったが、二〇世紀の出来事として、永く記憶にとどめておきたいことの一つに、松川事件（松川裁判、松川運動）がある。これはもう半世紀以上も前の一九四九年に、東北本線の松川駅（福島県）付近で起った列車転覆事件で、犯人として二〇名（国鉄労組関係一〇名および東芝労組関係一〇名）が起訴されたけれども、一四年間に行なわれた五回の刑事裁判を経て、全員が無罪となったという出来事である。このことは、日本の裁判史上ばかりでなく、世界の歴史を見ても、実に稀有な出来事であった。（真犯人は未だ不明のままである。また、無罪確定後の国家賠償裁判で原告勝訴が決定したのは一九七〇年であった。）

この稀有な出来事の中でも、まさに奇跡的といってよい出来事があった。それは一九五九年八月一〇日、最高裁判所が「第二審判決を破棄し、仙台高等裁判所へ差戻す」という判決を、七対五という僅差で下した事であった。

最高裁大法廷の構成メンバーは一五名であるが、以下のような結果であった。

多数意見：小谷勝重、島保、藤田八郎、入江俊郎、河村大助、奥野健一、高木常七

少数意見：田中耕太郎、池田克、垂水克己、高橋潔、下飯坂潤夫

欠　席：斉藤悠輔、河村又介

回　避：石坂修一

欠席の二名は病気のため口頭弁論に参加し切れず、評決に加わらなかった。回避した石坂修一は、第二審当初の仙台高裁長官であって、後に触れる「石坂書簡」なるものにより、この裁判に予断を持っているものとして被告・弁護団から忌避の申立を受けていたのであるが、自ら回避すると申告し認められたものである。

氏名に傍線が引いてある九名は、松川事件最高裁判決（一九五九・八・一〇）の前年（一九五八・五・二八）に、同じ最高裁が練馬事件（警察官殺害事件）の判決を下した時の多数意見に加わった裁判官である。この判決は従来の判例を変更して、共謀共同正犯の事件では、他の共同被告人の供述がそのまま証拠として採用できるとしたものであり、松川裁判にも大いに関係のある

判決であった。この時の少数意見に加わり、なおかつ松川裁判の評決に参加したのは小谷、藤田、河村（大）の三人であった。いずれも今回は多数意見であった。

もし、欠席の二名と回避の石坂が評決に加わっていたとしたら、どのような結果になっていたであろうか。斉藤と石坂は有罪説であることはまず間違いないので、七対八、あるいは八対七という、さらに僅差の評決になったであろう。四名の死刑を含む一七名（三名は二審で無罪が確定）の有罪が確定していた可能性があったのである。さらに、事情通によれば、多数意見に加わった、少なくとも一名の裁判官は「クロ」説と読んでいたのに、予想が外れたというのである。「予想」などと言うのは、不謹慎であり、そのようなことが成立つとすれば、それもまた大問題であるが、もし「予想」が当たっていたとすれば、多数意見と少数意見は逆転していたことになるのである。

この辛うじての破棄差戻し判決を獲得するのに、大きな役割を果たした作家・広津和郎（一八九一〜一九六八）は、次のように語った。「七対五、その差僅かに二票、この二票を獲得するために五年半の被告諸君、家族達、二百五〇名の弁護士諸氏、救援運動に携わる人達の苦闘と努力が続けられ、この二票を獲得するために、全国数十万、数百万の人々、又外国の人々からのカンパが、被告団の闘争を支援して贈られて来たわけである。—七対五という数字の持つ意味を深く考えて見なければならない。」（「七対五の示す意味」一九五九・九）

広津はさらに次のように述べている。「松川一一年の闘いで練馬事件の多数意見を唱えた判事が一名人権擁護の立場にまわった。この一名をとるのに一〇年を要したと思うとゾッとする。これからの闘いはせっかちにはできない。絶え間ない熱意と努力をつづけなければならないと考える。短気とカンシャクは疲労する。生きているうちによりよい社会を見てみたいものだ。」（一九六〇・八）広津は一名と書いているが、右に述べたように、二名の判事が松川では破棄差戻しの多数意見にまわった。広津は練馬事件の評決を、実際には九対六であったのを、八対六としているので、計算が違ってしまったのか、あるいは、事情通が指摘していた一名のことを取上げているのか、はっきりしないが、いずれにしても、何故そのような結果になったのかを明確にして行くことこそ、重要である。

本稿は、以上に述べた課題を解明して行く一過程として、①この最高裁の判決に至る状況は、実際には、被告・弁護団・支援者達が当時感じていた以上に厳しいものであったこと、②その状況の中で広津がどのような慧眼を示し、どのように裁判批判を実行して行ったのかを、明らかにしようとするものである。ただし、これはあくまで「事後」の検討であり、それによればこのように見ることも出来るということであって、何者かの、何らかの言動を、当時の諸状況から切り離して批判しようとするものではない。

一　最高裁で進行していた深刻な事態

一九五三年一二月二二日、仙台高裁は、第一審の判決を変更し、三名は無罪としつつも、残り一七名に対して四名の死刑を含む有罪の判決を下した。マスコミは一斉に、これで松川事件・裁判は決着がついたと書き立て、二審判決前から公正な裁判を要請して来た広津和郎や宇野浩二らに悪口雑言を浴びせた。最高裁での逆転は絶望的と見られた。

被告たちもその重さを、「大盤石を覆すにも似た」と表現し、当初からの主任弁護人であった大塚一男も、「二審判決によってうけた打撃は私にはあまりにも大きなものであった。あの判決の意図的な手口では、冷静・合理的な説明で、最高裁を納得させることははなはだ困難で、望みをもちえないのではないか、弁護士活動をやめてもっと直接的活動で立ち向かわねばならないのではないか、と深刻に考え、死刑判決に眠れぬ夜もしばしばであった。」と述懐している。まだ若かった大塚は、二審から加わった他の若い弁護士達と「結局、有罪判決をおし通すと、支配体制にヒビがはいる、司法そのものへの信頼がゆらぐと権力側に思わしめるところまで、運動を広げ、大きくやらねばならぬということで意見が一致した。論じては酒をのみ、酒をのんではまた論じて、興奮して泣きながら夜更けまで苦難なたたかいの未来をこもごも語りつづけたのであった。」
この若い弁護士達がまもなく、判決の検討会を毎週開くようになり、それが上告趣意書を書き上げるための弁護人合宿を実現する力になっていった。この検討会には、すでに中央公論に判決批判を連載し始めていた広津も、たまに顔を出したという。この広津も二審判決の結果を知った時は、顔を隠して嗚咽していたという。

ところが、後に分かったことを色々勘案してみると、被告達の必死の上告を待ち構えていた最高裁は、この時被告達が推測していた以上に、上告棄却の判決に向かって、態勢を整えていたのである。最高裁長官・田中耕太郎は、就任当時から、「極めて反共イデオロギー的色彩の濃い」発言をしていたが、恐らくはその田中長官の意向にそって、担当調査官に青柳、龍岡の二名が起用され、主任には田中の腹心とも見なされる青柳文雄が就いた。最高裁はその性格からいって、基本的には憲法違反・判例違反があるかどうかを判断するものであり、特別の場合を除いては、事実誤認について調べる必要もなければ、口頭弁論を開く必要もなく、また判決の言渡しも含めて公判に被告を召喚する必要もない。年間一万件以上も処理することもあり、また最高裁の判事は高齢の場合が多く、調査官の報告書はかなり重要なもので、最高裁判決は調査官判決であるとさえ言われている。しかしながら、報告書は部外秘であり、調査官に関する具体的な規定も明らかにされていない。

だが、この松川事件に関する調査官報告書の核心部分は、最高裁判決の二ヶ月前に退官して上智大学教授になっていた当の青柳氏から明らかにされていくことになる。しかし、歴史の皮肉とでも言ったらよいだろうか、三〇部しか印刷されなかった筈の調査官報告書が、一九六五年頃文京区本郷の古書店で、元被告によって発見され、時を経て、『松川事件調査官報告書《全文と批判》』として世に出たのである。（日本評論社、一九八八年）

この『報告書』は、東芝関係を担当した龍岡調査官の慎重な調査報告によって、太田自白にもとづく連絡謀議は不成立としながらも、青柳主任調査官のリーダーシップによって、〈実行行為は存在したのであり、証拠により具体的には特定できないものの、共同謀議の存在も認めうる〉、〈最も重要なのは裁判官の「心証」である〉としたところに最大の特徴がある。これは、最高裁判決・少数意見の田中耕太郎意見と同じ考えである。

一九五六年秋に報告書が提出され、第三小法廷が、大法廷に廻附することに決定すると、田中長官は、主任として高橋潔を充てると同時に、特別にもう一人の判事を主任に起用した。それは池田克であって、この人物は検察官出身で、戦前、悪名高い治安維持法運用の中心人物とも、「思想係検事のリーダー」とも言われ、戦後追放にあっていたのである。この二人の主任はいずれも、評決では少数意見であった。

ここで、以上で触れた以外の田中長官の動きを見ておこう。

①広津和郎「真実は訴える」が、一九五三年『中央公論』一〇月号に掲載されると、何故載せたのかと、編集部を詰問。（前掲『松川事件調査官報告書』所収の本田昇「被告人の立場から」による）

②一九五三年末（二審判決直後）、最高裁調査官達を公邸に招いたが、その席上、二審の鈴木裁判長を慰労の意味でもいいところの所長にしてあげなくては、と語ったと言われる。（やがて鈴木判事は秋田地裁所長になった）

③一九五四年正月、志賀直哉邸年始で「法廷侮辱罪で広津を訴える」と言った。

④同年六月、全国刑事裁判官会同で、二審で有罪判決を下した鈴木裁判長に松川事件について丸一日説明させた。

⑤一九五五年五月、全国裁判所長官・所長会同で、「世間の雑音には耳をかすな」と訓示。

また、五鬼上最高裁事務総長も『法律時報』一九五四年二月号で、〈「法廷の裁判」に先立って「世間の裁判」をつくりだすことは裁判妨害であり、文士の人たちに強く反省を求める〉と書いた。

以上の最高裁の動きの意味を端的に語っているのは、大法廷判決・少数意見の下飯坂判事の言葉である。「さる大法廷で田中元長官と主任裁判官の僚友たちは、優秀、有能な調査官の援助の下に、本件の調査に当たって〈本件は黒だという確信に到達されたのである。〉」下飯坂は、二度

目の最高裁上告審でまたも、しかも今度はただ一人、有罪説の少数意見を述べたのである。〈第一小法廷三対二〉

なお、もう一人の少数意見組は、垂水判事であったが、戦前からの刑事裁判官であった彼が、少数意見の中心的論客であったと言われている。

これまで見てきた当時の最高裁の状況のうち、当然の事ながら、青柳調査官が中心になってまとめた報告書やその重要性は、被告達や弁護団の側では殆ど認識されていなかった。ある被告は、〈自分達が文字どおり心血を注いで書き上げた上告趣意書が、最高裁の裁判官達に届いた時には、悪意の調査官によって全く逆のものにされていたとは夢にも思っていなかった〉と言い、主任弁護人の一人も、〈松川上告の段階から、事件落着の再上告審のさいごまで、担当調査官については全く無関心であった〉と述べている。大法廷判決の二ヶ月前、青柳調査官が判決の方向は見えたとして、黒子から変身し、上智大学教授として、いわば「広津への刺客」としてジャーナリズムに登場してから、調査官なるものと調査官報告書なるものの存在が一般にも知られるようになったにせよ、少なくともこの上告審の段階で、被告・弁護団側は、ある意味で最も重要な状況を把握しないまま、苦闘し続けていたとも言えるのである。なお、この青柳元調査官の広津批判には、のちの東大総長・平野竜一や、田中長官と姻戚関係のあった小泉信三なども「応援団」として配されていた。青柳は松川裁判が決着（一九六三年九月）すると、東京高裁判事として司法界に復帰するのである。

二　「七対五」をもたらした要因

「七対五」になった要因について、この小論で論じ尽くすことは出来ない。しかし、少なくとも、以下の四点は落とすことが出来ないであろう。①石坂書簡の「暴露」による石坂判事の回避、②いわゆる「諏訪メモ」の最高裁提出、③一〇日間の口頭弁論の開催、④広津和郎の『中央公論』誌上四年半にわたる「第二審判決批判」の連載とその反響。もちろん、これらの要因の背景には、ようやく全国的に展開されるようになってきた「松川運動」の盛り上がりがあったことは言うまでもない。また、さまざまな社会的・政治的状況の変化も忘れるわけにはいかない。

しかしここでは、田中最高裁長官が「目の敵」にした広津和郎の「戦略」に焦点を合わせて行くことにする。したがって、①～③についてはごく簡単に触れておくことにしよう。

まず石坂書簡について。第二審判決直後、すでに広島高裁長官になっていた石坂前仙台高裁長官は、二審の鈴木裁判長宛に慰労の手紙を送ったが、その書簡が誤って裁判所の雑書綴りに入っていた。それをたまたま閲覧した小沢三千雄（松川救援活動家）が、その内容に驚き、密かにその写真を取っておいたのである。そこで問題になるのが、（a）石坂が発言をとって鈴木を裁判長に起用し、鈴木もその信頼に応え、俗論を蹴飛ばして好い判決を下してくれた事に感謝すると述べている点、（b）判決が真実に合致するや否やに心を煩わせるなかれ、納得させるものであるかどうかも考える必要がない、ただ自分の信念に沿ったものでありさえすればよい、という趣旨の事を述べている点である。この石坂が、松川事件の上告審段階で、最高裁の判事になったのである。そこで、被告・弁護団側は、事件に対して先入観があるという理由で「忌避」の申立てをしたのである。この石坂書簡は、この理由の動かぬ証拠となったのである。

次に「諏訪メモ」について。これは、福島の組合事務所で国鉄側と東芝側が行ったと言われる共同謀議に出席していた筈の佐藤一被告が、松川工場で行なわれていた団体交渉に参加し発言していたのを、会社側の諏訪および西の両氏がメモをとっていたものである。これは佐藤一のアリバイを証明するものであり、したがって、検察側が最も重視した八月一五日連絡謀議の不存在を証明するものであった。この「諏訪・西メモ」の存在は早くから知られていたが、行方不明になっていたものであった。それが口頭弁論の開始を前にして、事件直後に押収されており、しかもある副検事が転勤先まで持っていっていた事が判明し、紆余曲折の結果、最高裁に提出されることになったのである。最高裁は正式の証拠調べはしなかったけれども、回覧するという処置を取り、実質的な証拠調べとなった。実に異例の事であった。このことは連絡謀議を否定した大法廷判決に影響を及ぼした事は確かである。世論もまたそのように受け取った。［ただし、もし青柳調査官の報告書での見解をそのまま認めれば、一五日連絡謀議も否定し、その代わりに、検察官も誰もいっていない一四日連絡謀議説を提案しているのであるから、「諏訪・西メモ」も関係なくなる。しかしこの説はあまりにも理不尽で、本人も自信のないことをもらしており、結果的には誰からも支持されなかった」

つづいて口頭弁論について。青柳調査官は報告書の中で、事案の重大性に鑑み、口頭弁論を開くことも考えられるが、その場合には共産党がどのような戦術を取ってくるか分からないので、その前に事件についての一応の見通しを持って臨むよう提言し、次のように述べている。「或いはこの考方に対し、口頭弁論に先立ってあらかじめ事件について結論を得ておくことは口頭弁論の本来の趣旨を逸脱するとの御批判があるかもしれない。しかし上告審における口頭弁論は、手続の公正を一般に示すに過ぎず、それにより事実について心証を得ようとする一般裁判所の口頭弁論とは異なるものであるし殊に本件のような場合には当然許されるし、むしろなされなければならないことと考えるのである。」この見解に、高くくりと、傲慢と、そして若干の不安を見て取ることは容易であろう。実際に展開された口頭弁論は、この調査官の配慮を粉微塵にした。被告達の訴えが弁護人の声を通じて、直接裁判官達に届いたのである。調査官の報告を媒介にせず。尚且つ、「諏訪メモ」も回覧されたのである。

三　松川裁判批判における作家・広津和郎の慧眼

ではここから、広津和郎の慧眼にもとづく「戦略」を見て行こう。この「戦略」は、松川裁判・運動にかかわる広津の全業績（①二百にも達するという松川論の執筆、②特に四年半、五四回に及ぶ『松川裁判』の連載、③新聞連載小説『泉への道』の執筆、④一五〇回もの講演、⑤裁判所・裁判長への要請文提出、⑥松川事件対策協議会会長としての活躍、⑦法律関係者との座談会への出席、⑧ラジオ、新聞、雑誌のインタヴュー、⑨文化人に呼びかけての、様々な援助活動、⑩多額の資金援助などなど）を見事に貫いて、少しも「ぶれる」事がなかったと言える。

広津の基本戦略は、すでにしばしば指摘されているように、また本人が繰り返し強調しているように、第一に「この裁判を政治裁判としてではなく、刑事裁判とみなす」ということであった。広津がこの事件の政治性を十分に認識していたことは間違いない。それ故にこそ、敢えて「刑事裁判」として徹底して行くことを、みずから実践するばかりでなく、権力側にも、被告・弁護団側・救援運動側にも求めたのである。土俵をこのように設定することで、事態を単純に分かり易くすると共に、死刑判決を受けている被告達の救援こそ最も重要であることを明確にしたのである。つまり、被告達（ディフェンダント）のディフェンスを最優先とし、「邪悪な」権力へのオフェンスという政治的行動との区別をはっきりさせようとしたといっても良いのである。（そしてトータルに見れば、この広津の「戦略」こそが、すぐれて「政治的」であったということも出来る。）

第二に、被告達の無実の論証を、あくまで法廷に現われた資料のみでおこなって行くことである。これは広津にとっても、刑事訴訟法の仔細な検討という厄介な作業まで強いられることになったが、最高裁首脳やマスコミなどによる裁判批判攻撃をうけとめながら、なお最高裁の判事達に対してさえ説得力を持ちうる論証になっていったのである。色々な広津批判はあっても、広津が行った判決批判の内容について、具体的に反論できたものは皆無であった。

第三に、広津の行った無実の論証は、まさに無実の論証であって、とりわけ実行行為の罪を着せられた、本田、赤間、高橋のアリバイ・実行不可能性の証明に重点が置かれている。広津は、一九五六年六月号の『中央公論』で「裁判官の非難に答える」と言う文章を書いているが、その中で「……実は裁判官諸氏に私の文章を読んで貰いたいということが本心であり、私の希望なのである。私の文章の全部でなくても一部でもよい。例えば「高橋被告のアリバイ」や「高橋被告の身体障碍」でもよい。或は今度出る『松川裁判』第二集は、そのページの大部分が本田被告のアリバイの検討に費やされているが、それだけでも読んで貰いたい」と述べているし、また、早くも一九五三年一〇月には、「此処で私の勝手な意見を述べさせて貰えば、証拠品として持ち出

された スパナで継目板がはずせるかはずせないかという事は末の末の事のように思います。」「はずれなければ無罪ではずせれば有罪だということはおかしい。」「歩けても歩けなくても、事実歩いていないから無実でなければなりません。」と述べていたのである。

すでに第一審の法廷記録を読み始め、第二審の裁判を傍聴し始めていた広津は、裁判の焦点が、被告達が事件に無関係であるという核心を外れ勝ちであったことに、危機感と苛立ちを感じていたのではなかったのか。この広津の視点こそ実に重要であった。先に見た最高裁の少数意見、調査官報告の趣旨、これらはいずれも被告達によって実行行為があったという「心証」を核として構成されていた。彼等からすれば、細かい具体的事実は、ある意味で、どうでも良かったのである。遡れば、第一審の検察側の悪評高い起訴状こそが、即ち時間も、場所も、参加者も、その回数も特定しない謀議の積み重ねによって被告達を罪におとしいれようとした、被告の防御権を一切無視したような起訴状こそが、権力側の方針の本質だったのである。つまり広津のこの視点こそ、有罪説の核心とピッタリ切り結んでいたのである。

では広津は何故このような見解を示すことが出来たのであろうか？ この問題を解くためには、広津の生涯、全作品を検討してみる外ない。私は、この仕事に取り掛かって二〇年を越えてしまったが、まだ継続中である。したがって、「松川と広津」というテーマについての詳論は別稿に譲らざるを得ない。ただし、その検討の一端は、「裁判批判の論理と思想」①～⑨（横浜国立大学紀要）に書いておいた。ここでは、従来の松川事件関係の研究では、ほとんど触れられることのなかった点について、述べてみたいと思う。それは、広津の松川裁判批判は、いわゆる権力側にだけ向かって、展開されたのではなかったという点である。政治的感覚のすぐれた広津は、けっしてあからさまに批判することはなかったけれども、運動側、とくに弁護団側に対しても厳しい目を向けていたのではないだろうか。これは、慎重な検討を要するところであるが、ここでは、一九五〇年一月一八日、第一審第九回公判で述べられた、主任弁護人による冒頭陳述の問題点を指摘しながら、広津がこの冒頭陳述を目にした時に、どのように感じたのか、を推論してみることにしよう。この冒頭陳述で明らかにされた方針は最後まで堅持されたと言われているものであり、事実、その通りであった。

その冒頭陳述の骨子は、「第一章　本件の真犯人を追及するに必要な物的資料及び人的資料が捜査当局によって隠滅されたことを疑うに足る事情が存在する事実（第一節～第二節）」「第二章　政治的陰謀による無実の弾圧を疑わしめる事実（本件の検挙及び起訴が吉田内閣の日本共産党及び国鉄労働組合、東芝労働組合等勤労大衆の団体に対する政治的弾圧として行われたことを疑うに足る事情が存在する事実）（第一節～第四節）」「第三章　本件被告人等がいづれも検挙以来警察官によって拷問せられ、或いはその他の人権をじゅうりんせられた事実（公訴事実が拷問、人権じゅうりんによって作り上げられ押しつけられた過程、従ってそれが虚構である事実）（第一節〜第五節）」「第四章　本件被告人等はいづれも本件に無関係である事実」「第五章　本件被告人等について存在を疑うに足る相当の理由のある犯罪は（一）その犯罪の時は検挙の時及び勾留された以後であること（二）その犯罪の場所は警察、拘置所、検察庁及び新聞紙上であること（三）その犯罪の実態は、拷問デマ宣伝による名誉毀損職権濫用脅迫強要であること（四）従って被告人はその犯罪の行為者ではなく被害者である事実」の五章からなるものであった。

これが無罪確定まで、弁護団の一貫した方針であったと言うのである。一審では共産党員を中心とする自由法曹団のみの弁護団であり、その指導者は岡林辰雄弁護士であった。そしてその背後には、徳田球一共産党書記長の影響がみられる。（大塚一男『私記松川事件弁護団史』）

事件発生当時は、実質的なアメリカ軍の占領下で、戦後日本の進行方向を大きく変更させようという巨大な力と、烈しい政治的闘争を行っていた勢力の闘い方、考え方として、「敵の弱点を攻撃して、政治的陰謀に打ち勝ち、権力の打倒に向けて前進しよう」という方針は理解できないことはない。しかしこの方針は、列車転覆事件としての松川事件に無関係な被告達の、無罪を獲得する方針として適切であったのであろうか？　革命運動の「戦士たち」として、その犠牲は厭わない、というのであれば話は別である。だが、無実の労働者たちの冤罪を晴らすためには、一般の多くの人々の理解と協力を得る必要があり、司法の官僚組織の一員としてそれなりのプライドを持っている裁判官達に、慎重で適切な判断を求める必要があるとすれば、もっと違う方針を立てなければならなかったのではないか。もっとも、この点についても、裁判所というものを端的に「階級支配の道具」とみなし、被告達の解放については、裁判で無罪判決を得るというのとは別の方途を考えるのであれば、話は別である。しかしそれは、まさに空想的にすぎなかった。であるとすれば、この方針はオフェンスに急でありすぎて、肝心のディフェンスがおろそかになっているのではないか？　戦前からの体質を色濃く残していた当時の日本共産党の、ある一面が表われているのではないか？　『風雨強かるべし』や『青麦』など一連の作品で、戦前の非合法活動に関わる若者達に共感を示しながらも、その組織や指導者達の問題点を的確に指摘つづけてきた広津だからこそ、この方針の「危うさ」を敏感に感じ取ったのではないだろうか？

ここで、この弁護団の方針と、次に示すある被告の陳述とを比較してみよう。それは第四回公判（一九四九年一二月一三日）での斉藤被告の陳述である。斉藤被告はすでに第一回公判で、この事件は「原作吉田茂、脚色増田甲子七、演出並に指揮安西光雄、新井裕……というメンバーによって作り上げられた階級弾圧のセミドキュメンタリ映画」であるとして、事件の政治性を激しく攻撃した人物である。その斉藤氏が、第四回公判で概略次のように述べた。（一）わたしは本事件に全然関係がない。（二）本事件はすべてが作り上げであり、二〇名の同志は冤罪で起訴されて居るのである。（三）吾々が逮捕起訴された事自体に於いて人権の蹂躙、名誉毀損、家庭の崩壊は言語を絶するものがあった。（四）この事件の政治的な性質は、吉田内閣が日本を植民地化する亡国政策を隠蔽する為の事件であり、日本共産党を人民から孤立させる為の極めて悪辣な政治的陰謀であり、ファシズムの階級的弾圧に外ならない。（五）日本共産党、国鉄・東芝労組は如何に民主的な団体であり、如何に暴力と闘ってきたか。

この陳述は、弁護団の基本方針と内容的には完全に一致する。しかし順序と構成がちがっている。どちらがより理解を得易いであろうか。広津は「証拠がない事についてはわれわれは想像で物を言うことは避けなければならないからであります。」「左翼弾圧のための保守系の政治的工作だなどとわれわれはいうことはできません。」と述べたが、勿論彼が全然そういう事を考えていなかったのではない。ただ、裁判所側に突きつけている、証明の厳密性を、逆に自分達の主張に当てはめてみた場合に、どれだけのことが言えるのかという判断の問題である。小沢三千雄も次のように述べていた。「アカハタ主張に於いて（一〇月七日―一九五五年）アメリカ占領者の陰謀として説きおこしているが、果たして、アメリカ占領者の陰謀と言われて具体的に説明できる人は何人おるだろうか。これも只、当時の政治的な動きを中心にしてアメリカ占領者の陰謀と説明はつくけれども、事実と証拠によっては、そう簡単に大衆に理解できる問題ではない。」（『万骨のつめあと』）

また、確かにこの事件は、冒頭陳述の第一点に挙げられた、いわゆる「権力犯罪」の事実があった。しかし、それは、無実の人間を罪に陥れるための証拠を隠滅していたということであり、第一審から少しづつ明らかになってはいたが、これが全面的に明らかになったのは、差戻し審以降のことであり、完全には無罪確定後の、「国賠裁判」においてであり、しかもそれは「真犯人追求」のための、とは言いがたいものであった。多くの国民の支持を受ける必要性を考慮に入れて斉藤被告の陳述を見直してみると、まず（一）～（三）をこの順序で（その重要性もふくめて）主張し、（四）及び（五）については状況説明的に主張するという方針の方が、適切だったのではないだろうか。つまり弁護団の冒頭陳述でいえば、第四章、第五章、第三章、第一章、第二章の順序で構成した方が良かったのではないか。　勿論、斉藤被告だけがこのような主張をしていたのではない。すべての被告が、当初から、まず冒頭で「私は本件には無関係である」と述べ、つづいて、取調べの状況をつぶさに語っている。しかし、検察側が具体的な訴因を明らかにしていなかったため、どのように無関係であるのかを陳述できないでいた。広津は松川事件について発言を開始したころから、すでに第一審の公判記録を読み始めていたようである。そして、一九五三年七月五日、東芝松川工場の橋本太喜治経理課長と会って、八月一三日の共同謀議に関する佐藤一のアリバイを確信し、自信を持って積極的な闘いを始めるのである。

おわりに

言うまでもないことであるが、広津の手柄だけを強調するつもりはない。早い時期から同じ方向からの様々なアドバイスもあり、弁護団にも二審以降広範囲な弁護士が参加するようになり（特に仙台弁護士会の袴田重司氏については、その功績をいくら評価してもし過ぎることはないほどである）、若手の弁護士達も成長し、さらに控訴審、上告審といずれも被告を先頭とした趣意書が重要な役割を果たすことになるなど、多くの要因を丹念に見て行く必要があろう。しかし、少なからぬ国民が松川裁判への関心を深め、心ある裁判官がみずからを裏切らない判決に加われるような状況を生み出す大きな方向転換に、広津が極めて重要な役割を果たした事は疑い得ない（吉野源三郎）。

広津の功績を評価する人々は、①文学者らしい人間（心理）把握に基づく説得力ある文章表現、②長期にわたる粘り強い努力、③第一級の知識人・文化人への影響力、そして④いわゆる政治闘争や政治組織との適切な距離感などを挙げる。わたくしは、それらすべてに賛成である。しかしここで述べたかったのは、広津が、「被告たちは、やっていない」ことを直接的に証明することに最重点をおき、裁判官たちの「被告たちが、やったにちがいない」という心証と真向から切り結んだところに、その慧眼を認めたいということであった。そしてその視点こそ、「無実の人を殺してはいけない」という、最も多くの人々が共有しうる「人間的感覚」とも合致していた、ということであった。

しかしそれにしても、いかに広津を含めた多くの人々が最善の努力を尽くしたとしても、もし大法廷の評決に欠席二名回避一名の三名が加わっていたとしたら、どのような結果になっていたのだろうか。そして、そのような戦慄すべき結果を招きかねない状況は、現在も基本的には変わっていないのである。社会のあらゆる領域における「崩壊の危機」を乗り越えるためにも、「裁判される国民」「政治（統治）される国民」の意識のありかたが、真剣に問われなければならない。

有罪説と見なされながら、多数意見に加わったと言われる判事は、後に次のような和歌を詠んでいる。

切々と被告の妻の手紙あり裁判記録の後より読みつぐ
うづ高きこの記録はや罪なしと決めてまた繰る手ずれし記録を
広津和郎の青ぐろき顔微動せず無罪と宣りて裁判終る

追記

「作家・広津和郎が松川裁判批判の中で示した慧眼は、その「人間的感覚」の尊重をベースとして輝いている。「アメリカ同時多発テロ」と「報復攻撃」という事態の中で、「人間的感覚」が世界的規模で失われそうになっている。あるべき共通感覚（コモン・センス）の基礎となる「人間的感覚」（ヒューマン・センス）の崩壊の危機こそ、最も深刻な状況といえるのではないか。」

参考文献

1　松川運動史編纂委員会編『松川運動全史』労働旬報社、一九六五年
2　広津和郎『松川裁判』　中央公論社、一九五八年
3　同　『裁判と国民』上・下　廣松書店、一九八一年
4　大塚一男『松川弁護十四年』　晩声社、一九八四年
5　同　『私記松川弁護団一四年』　日本評論社、一九八九年

あとがき

本書は、「はじめに」に述べた趣旨・ねらいで企画されたものであるが、そもそものきっかけは、二〇〇二年三月に横浜国立大学を停年退官される泉谷周三郎教授の記念出版をしようという事であった。教育人間科学部に在籍している、元哲学倫理学教室の三名（木下、矢内、宮崎）の発案で、泉谷教授と共に退官される根岸洸教授（数学）、『ヨーロッパの文化と思想』（一九八九年、古田光教授退官記念出版）にも参加された岩切正介教授（インターカルチャー）、根本萠騰子教授（メディア研究）、さらに早稲田大学に在籍されている、もと同僚の李成市教授にも御同意いただき、泉谷教授を中心に「ⅰ研究会」をスタートさせた（二〇〇〇年六月）。

昨今の大学をめぐる様々な動きの中で、連続する会議や複雑な実務に振り回されながらではあったが、なんとか期日内に出版にこぎつける事が出来た。もたもたした「研究会」ではあったが、この時ばかりは知的な、学問的なおしゃべりも出来、今となっては楽しい想い出でもある。

最後に、泉谷、根岸両先生の今後のご健康とご活躍をお祈り申し上げる。また、厳しい出版事情の中、引き受けていただいた同時代社・川上徹社長に感謝する。

二〇〇二年二月

木下英夫

【筆者紹介】

泉谷　周三郎（いずみや　しゅうざぶろう）
1936年　東京で生れる
1966年　東京教育大学大学院文学研究科博士課程中退
現　在　横浜国立大学教授（倫理学，ヨーロッパ近代思想史）
『ルター』（共著，清水書院），『地球環境と倫理学』（木鐸社），『J. S. ミル研究』（共著，御茶の水書房），『近代日本の哲学』（共著，北樹出版），『ヒューム』（研究社出版），『イギリス思想の流れ』（共著，北樹出版），J. グレイ・G. W. スミス編『ミル「自由論」再読』（共訳，木鐸社）ほか

根岸　洸（ねぎし　ひろし）
1936年　埼玉で生れる
1966年　東京教育大学大学院理学研究科博士課程中退
現　在　横浜国立大学教授（数学）
「On the upper bound of the number of real roots of a random algebraic equation」（共著，J.Indian Math. Soc），『現代微分積分学通論』（共著，培風館）ほか

岩切　正介（いわきり　まさあき）
1940年　朝鮮で生れる
1966年　東京大学大学院人文科学研究科修士課程修了
現　在　横浜国立大学教授（ヨーロッパ文化史）
「ブルボン王朝下のコーヒーとカフェ―ルイ14世の時代」（コーヒー文化研究第5号），「イギリス庭園探訪四庭記―歴史と様式を見る」（留学生センター紀要第8号），ジョンストン『ウィーン精神』（共訳，みすず書房）ほか

根本　萠騰子（ねもと　もとこ）
1941年　茨城で生れる
1966年　東京大学大学院人文科学研究科修士課程修了
現　在　横浜国立大学教授（現代思想，メディア論）
『言語と文学にみる文明』（編著，東海大学），『ドイツ文学回遊』（共著，郁文堂），『文学に現れた現代ドイツ』（共著，三修社），『身ぶり的言語　ブレヒトの詩学』（鳥影社）ほか

木下　英夫（きのした　ひでお）
1942年　東京で生れる
1973年　名古屋大学大学院文学研究科博士課程退学
現　在　横浜国立大学教授（哲学，倫理学）
『現代の倫理』（共著，青木書店），「良心論の一視角」（『日本倫理学会年報』25号），「裁判批判の論理と思想（一）～（九）」（横浜国立大人文紀要），ザイデルほか『現代マルクス主義哲学論争』（共訳，青木書店）ほか

矢内　光一（やない　こういち）
1947年　姫路で生れる
1975年　東京教育大学大学院文学研究科博士課程中退
現　在　横浜国立大学教授（哲学）
「自然，偶然，技術—プラトン『法律』第10巻における「知者たち」の説について」（横浜国立大人文紀要），『信仰と理性—ケンブリッジ・プラトン学派研究序説』（共著，御茶の水書房），ハイニマン『ノモスとピュシス』（共訳，みすず書房）ほか

李　成市（り　そんし）
1952年　名古屋で生れる
1982年　早稲田大学大学院文学研究科博士課程修了（文学博士）
現　在　早稲田大学文学部教授（歴史学，東アジア史）
『東アジアの王権と交易』（青木書店），『古代東アジアの民族と国家』（岩波書店），『東アジア文化圏の形成』（山川出版社），『創られた古代』（三仁出版，ソウル）ほか

宮崎　隆（みやざき　たかし）
1956年　東京で生れる
1990年　大阪大学大学院文学研究科博士課程修了（学術博士）
現　在　横浜国立大学助教授（哲学）
『現代デカルト論集Ⅲ』（共著，勁草書房），『西洋哲学史の再構築に向けて』（共著，昭和堂），M. アンリ『精神分析の系譜』（共訳，法政大学出版会）ほか

崩壊の時代に

2002年2月25日　初版第1刷発行

編　者　泉谷 周三郎
　　　　根本 萠騰子
　　　　木下　英夫
発行者　川上　徹
発行所　(株)同時代社
　　　　〒101-0065 東京都千代田区西神田2-7-6
　　　　電話 03(3261)3149　FAX 03(3261)3237
印刷・製本　(株)ミツワ

ISBN4-88683-463-9